COMPRENDRE L'ART DE L'INFLUENCE SILENCIEUSE

Un guide pour une influence éthique et une communication percutante(Maîtriser le pouvoir de persuasion sans être insistant)

JARROD S. THILL

Table des matières

Contents

INTRODUCTION

Dans le monde trépidant d'aujourd'hui, où les voix fortes et les tactiques agressives dominent souvent, l'art de l'influence discrète est devenu un outil puissant pour obtenir des résultats positifs dans divers domaines de la vie. Que ce soit sur le lieu de travail, dans les relations personnelles ou dans les interactions quotidiennes, la capacité de persuader subtilement les autres sans recourir à des méthodes énergiques peut donner des résultats remarquables.

"The Art of Quiet Influence" est un livre qui explore les nuances de cette approche subtile mais percutante de la persuasion. Il met en évidence le pouvoir de l'influence discrète et explique pourquoi elle est importante dans le monde dynamique et diversifié d'aujourd'hui. À travers les pages de ce livre, les lecteurs acquerront des idées, des stratégies et des techniques pratiques pour maîtriser l'art de l'influence discrète et atteindre les résultats souhaités avec finesse et intégrité.

Ce livre ne vise pas à manipuler ou à manipuler les autres, mais plutôt à comprendre la psychologie de la persuasion, à établir de véritables liens et à communiquer efficacement pour influencer les autres de manière positive et éthique. Il vise à fournir aux lecteurs une compréhension globale des principes et techniques de l'influence discrète et à leur permettre d'appliquer ces stratégies dans divers contextes de leur vie.

Les chapitres suivants approfondiront les fondements de l'influence discrète, notamment l'importance de la conscience de soi, l'art de l'écoute, de l'observation et de l'empathie, ainsi que le rôle du timing, de la persévérance et des considérations éthiques pour influencer les autres. Ce livre explorera également l'art d'encadrer, de bâtir des alliances et de naviguer dans l'influence sans autorité. Grâce à des exemples pratiques, des histoires réelles et des conseils pratiques, les lecteurs apprendront comment exploiter le pouvoir d'une influence discrète pour atteindre leurs objectifs et créer un changement significatif et positif.

Ainsi, que vous soyez un leader cherchant à inspirer et influencer votre équipe, un professionnel cherchant à exceller dans les négociations, un parent essayant de guider vos enfants ou un individu cherchant à améliorer vos compétences interpersonnelles, « L'art de l'influence discrète » est votre guide pour maîtriser l'art subtil mais puissant de la persuasion. Préparez-vous à percer les secrets de l'influence discrète et découvrez comment elle peut transformer vos interactions et vos relations pour le mieux.

Chapitre 1 : Les fondements de l'influence discrète

L'influence discrète peut être définie comme la capacité de persuader les autres de manière subtile et efficace sans exercer ouvertement de pouvoir ou de force. Cela implique d'utiliser des techniques subtiles, discrètes et non agressives pour influencer les autres d'une manière qui respecte leur autonomie et favorise la compréhension mutuelle et la coopération. Contrairement aux tactiques agressives ou manipulatrices, l'influence discrète vise à établir de véritables liens, à favoriser la confiance et à créer des résultats gagnant-gagnant.

Pour comprendre l'essence de l'influence discrète, il est essentiel de reconnaître qu'il ne s'agit pas d'amener les autres à faire ce que vous voulez, mais plutôt d'influencer leurs pensées, leurs sentiments et leurs comportements d'une manière qui correspond à leurs intérêts et leurs valeurs. Il s'agit de comprendre et de répondre à leurs besoins et préoccupations tout en maintenant l'intégrité et l'authenticité de votre communication et de vos actions.

La psychologie de la persuasion

Au cœur de l'influence discrète se trouve la compréhension de la psychologie de la persuasion. Les principes de persuasion, expliqués par le célèbre psychologue Robert Cialdini, constituent la pierre angulaire d'une influence efficace. Ces principes incluent la réciprocité, l'autorité, la preuve sociale, la cohérence, l'appréciation et la rareté.

La réciprocité est le concept de donner avant de recevoir, créant un sentiment d'obligation chez les autres de rendre la pareille. L'autorité implique de tirer parti de votre expertise, de votre crédibilité et de votre position pour influencer les autres. La preuve sociale repose sur l'idée que les gens ont tendance à suivre la foule et à se conformer aux comportements des autres. La cohérence est basée sur la tendance humaine à respecter ses engagements et à s'aligner sur ses comportements passés. Aimer implique d'établir des relations et des liens avec les autres grâce à une véritable sympathie et une similitude. La rareté exploite la peur de rater des opportunités limitées.

Comprendre ces principes et la manière dont ils influencent les autres est essentiel pour maîtriser l'art de l'influence discrète. Cependant, contrairement aux formes agressives de persuasion qui peuvent s'appuyer sur l'exploitation de ces principes à des fins personnelles, l'influence discrète cherche à les utiliser de manière éthique et subtile, en gardant à l'esprit les meilleurs intérêts de toutes les parties.

Le rôle de la conscience de soi

Un aspect essentiel de l'influence silencieuse est la conscience de soi. Avant d'influencer les autres, il est crucial de vous comprendre, de comprendre vos préjugés, vos forces et vos faiblesses. La conscience de soi vous permet d'être attentif à votre style de communication, à votre ton et à vos signaux non verbaux, garantissant ainsi que votre influence est authentique et conforme à vos valeurs.

La conscience de soi vous aide également à comprendre l'impact de vos paroles et de vos actions sur les autres, vous permettant ainsi d'adapter votre approche à différentes situations et individus. Cela vous permet de réfléchir à vos intentions et à vos motivations, en vous assurant que vous ne manipulez ou ne contraignez pas les autres, mais que vous cherchez véritablement à créer des résultats positifs grâce à une persuasion subtile.

L'art d'écouter

L'écoute active est l'un des outils les plus puissants de l'arsenal d'un influenceur discret. Écouter ne consiste pas seulement à entendre des mots, mais aussi à comprendre les émotions, les signaux non verbaux et les besoins tacites. Lorsque vous écoutez activement les autres, vous créez un espace sûr pour qu'ils puissent s'exprimer et vous obtenez des informations précieuses sur leurs points de vue, leurs préoccupations et leurs désirs.

L'écoute active aide également à établir des relations et de la confiance, car elle montre du respect, de l'empathie et un véritable intérêt pour l'autre personne. En écoutant attentivement, vous pouvez identifier les points communs et les domaines d'alignement et les utiliser pour créer des arguments convaincants qui résonnent avec les valeurs et les motivations de l'autre personne.

En conclusion, les fondements de l'influence discrète englobent la compréhension de la psychologie de la persuasion, la culture de la conscience de soi et la maîtrise de l'art de l'écoute.

En développant une compréhension approfondie de ces concepts fondamentaux, vous pouvez jeter les bases pour devenir un influenceur discret compétent et éthique. Les chapitres suivants de ce livre approfondiront les techniques et stratégies pratiques qui

Comprendre la psychologie de la persuasion

Dans ce chapitre, nous explorerons les principes psychologiques qui sous-tendent l'art de l'influence discrète. Acquérir une compréhension approfondie de ces principes vous fournira des informations précieuses sur la façon dont le comportement humain est influencé et sur la manière dont vous pouvez exploiter ces informations pour persuader subtilement les autres d'une manière authentique et éthique.

Réciprocité : le principe du donner et du recevoir

La réciprocité est un principe psychologique puissant qui implique l'échange de faveurs ou de cadeaux, créant un sentiment d'obligation de rendre la pareille. Quand quelqu'un fait quelque chose pour nous, nous ressentons le besoin de le rembourser en nature. Ce principe peut être utilisé efficacement dans le cadre d'une influence discrète en donnant d'abord quelque chose de valeur aux autres avant de faire une demande.

Par exemple, si vous essayez de persuader un collègue de soutenir votre idée, vous pouvez commencer par lui proposer votre aide sur l'un de ses projets ou partager des informations précieuses avec lui. Cet acte de donner crée un sentiment d'endettement chez l'autre personne, augmentant la probabilité qu'elle soit prête à vous rendre la pareille et à soutenir votre idée en retour.

Autorité : le principe d'expertise et de crédibilité

Les gens ont tendance à être davantage influencés par des individus perçus comme faisant autorité ou crédibles. Ce principe peut être utilisé discrètement en vous établissant comme expert dans un domaine particulier ou en tirant parti de vos références ou de votre position d'autorité.

Par exemple, si vous essayez de persuader une équipe d'adopter une nouvelle approche, vous pouvez renforcer votre autorité en citant des recherches pertinentes, en partageant votre expertise ou en faisant référence à vos succès passés dans des situations similaires. Cela peut vous aider à établir votre crédibilité et à augmenter la probabilité que d'autres soient influencés par vos recommandations.

Preuve sociale : le principe de conformité

Le principe de la preuve sociale repose sur l'idée que les gens ont tendance à suivre la foule et à se conformer aux comportements des autres. Lorsque nous voyons d'autres adopter un comportement particulier, nous avons tendance à le percevoir comme socialement acceptable et sommes plus susceptibles d'adopter nous-mêmes le même comportement.

Dans le contexte d'une influence discrète, vous pouvez tirer parti de la preuve sociale en montrant comment d'autres ont déjà adopté votre idée ou en fournissant des exemples d'organisations ou d'individus similaires qui ont mis en œuvre avec succès une approche similaire. Cela peut créer un sentiment de validation sociale et accroître la volonté des autres de suivre cet exemple.

Cohérence : le principe d'engagement et d'alignement

Le principe de cohérence est ancré dans la tendance humaine à aligner nos comportements sur nos engagements et nos actions passées. Une fois que nous avons pris un engagement ou pris une certaine position, nous ressentons le besoin de rester cohérents avec cet engagement.

Dans le domaine de l'influence discrète, vous pouvez utiliser la cohérence à votre avantage en obtenant d'abord de petits engagements de la part des autres qui correspondent au résultat souhaité. Ces petits engagements peuvent servir de base à des engagements plus importants au fil du temps. Par exemple, si vous essayez de persuader une équipe d'adopter un nouveau processus, vous pouvez commencer par lui demander son avis ou ses commentaires, ce qui mènera progressivement à sa participation active au processus.

Aimer : le principe du rapport et de la connexion

Le principe de l'appréciation repose sur l'idée que les gens sont plus susceptibles d'être influencés par ceux qu'ils aiment ou perçoivent comme semblables à eux-mêmes. Établir des relations et des liens avec les autres est crucial pour une influence discrète, car cela établit un sentiment de confiance et de sympathie.

Pour établir des relations, vous pouvez trouver un terrain d'entente avec les autres, exprimer un véritable intérêt pour leurs points de vue et faire preuve d'empathie et de compréhension. Vous pouvez également utiliser la similitude ou les valeurs partagées pour créer un sentiment de connexion, ce qui peut accroître la réceptivité des autres à vos idées ou demandes.

Rareté : le principe de disponibilité limitée

Le principe de rareté repose sur la peur de passer à côté d'opportunités limitées. Lorsque quelque chose est perçu comme rare ou en pénurie, il a tendance à être plus désirable et attrayant pour les autres. Le principe de rareté peut être utilisé pour créer un sentiment d'urgence et une motivation chez les autres à agir. Par exemple, si vous essayez de persuader une équipe d'agir sur une initiative particulière, vous pouvez souligner la disponibilité limitée de ressources ou de temps, ou souligner les conséquences négatives potentielles de ne pas agir en temps opportun. Cela peut créer un sentiment d'urgence et augmenter la probabilité que d'autres soient motivés à agir conformément à vos efforts de persuasion.

Comprendre la psychologie de la persuasion est essentiel pour maîtriser l'art de l'influence discrète. En tirant parti de ces principes psychologiques, vous pouvez persuader les autres de manière subtile et éthique de s'aligner sur vos idées, suggestions ou demandes sans recourir à la force ou à la manipulation. Il est important de noter que la persuasion éthique se concentre sur la création de situations gagnant-gagnant dans lesquelles les intérêts de toutes les parties impliquées sont respectés et valorisés.

Les fondements de l'influence discrète s'enracinent dans une compréhension profonde de la psychologie de la persuasion. Les principes de réciprocité, d'autorité, de preuve sociale, de cohérence, d'appréciation et de rareté fournissent des informations précieuses sur la manière dont le comportement humain est influencé et peuvent être utilisés efficacement pour persuader les autres de manière authentique et éthique. La maîtrise de ces principes vous donnera la capacité d'influencer les autres de manière subtile et efficace dans divers contextes personnels et professionnels, conduisant à des résultats positifs et à des relations renforcées. Dans les chapitres suivants, nous explorerons des stratégies et techniques spécifiques qui peuvent être utilisées pour exercer une influence discrète dans différents contextes et situations.

Le rôle de l'éthique dans l'influence discrète

L'éthique joue un rôle crucial dans l'art de l'influence discrète. La persuasion, lorsqu'elle est pratiquée de manière éthique, se concentre sur la création de résultats positifs pour toutes les parties impliquées, dans le respect de leurs droits, de leurs valeurs et de leur autonomie. Cela implique d'utiliser des techniques de persuasion honnêtes, transparentes et conformes aux principes moraux. Dans ce chapitre, nous explorerons l'importance de l'éthique dans la pratique de l'influence discrète et comment les considérations éthiques façonnent l'approche de la persuasion.

Comprendre la persuasion éthique

La persuasion éthique repose sur le respect mutuel, l'équité et la transparence. Cela implique l'utilisation de techniques de persuasion qui sont conformes aux valeurs et principes moraux et qui n'impliquent pas de manipulation, de tromperie ou de coercition. La persuasion éthique vise à favoriser une véritable influence et à persuader les autres au moyen d'arguments crédibles et convaincants, plutôt que de recourir à des moyens contraires à l'éthique pour atteindre ses objectifs.

Les considérations éthiques en influence discrète impliquent le respect de l'autonomie et des droits d'autrui. Cela implique de reconnaître et de valoriser leurs points de vue, leurs opinions et leurs choix, même s'ils diffèrent des nôtres. La persuasion éthique nécessite également d'être honnête, transparent et fiable dans notre communication, et d'éviter toute tentative visant à tromper ou induire les autres en erreur.

L'importance de la confiance dans une influence discrète

La confiance est un élément fondamental de la persuasion éthique et de l'influence discrète. C'est la base d'une persuasion efficace, car les gens sont plus susceptibles d'être influencés par ceux en qui ils ont confiance. La confiance se construit au fil du temps grâce à une communication cohérente et honnête, à la fiabilité et à un véritable souci du bien-être des autres. Lorsque la confiance est établie, elle crée un environnement propice à une influence discrète, dans lequel les autres sont plus réceptifs à nos idées, suggestions et demandes.

Éthique et relations à long terme

La persuasion éthique est particulièrement importante pour établir et entretenir des relations à long terme. Dans les contextes personnels et professionnels, les relations fondées sur la confiance, le respect et l'intégrité sont plus susceptibles d'être durables et de produire des résultats positifs à long terme. La persuasion éthique favorise une culture de compréhension mutuelle, de collaboration et de coopération, conduisant à des relations plus solides et plus significatives.

Naviguer dans les dilemmes éthiques sous une influence discrète

Dans la pratique de l'influence discrète, des dilemmes éthiques peuvent surgir lorsque l'on essaie d'équilibrer ses propres intérêts avec les droits et les valeurs des autres. Il peut être tentant d'utiliser des moyens contraires à l'éthique pour atteindre des objectifs à court terme, mais cela peut souvent entraîner des conséquences négatives à long terme, endommageant les relations et sapant la confiance. Il est important de résoudre les dilemmes éthiques en examinant attentivement l'impact potentiel de nos techniques de persuasion sur les autres et de s'efforcer de trouver des solutions gagnant-gagnant qui correspondent aux principes éthiques.

ETCes questions jouent un rôle crucial dans la pratique de l'influence discrète. La persuasion éthique implique l'utilisation de techniques de persuasion honnêtes, transparentes et alignées sur les valeurs et principes moraux. Bâtir la confiance, valoriser l'autonomie et les droits d'autrui et favoriser des relations à long terme fondées sur le respect et l'intégrité sont des éléments essentiels de la persuasion éthique. Dans les chapitres suivants, nous approfondirons les stratégies et techniques spécifiques qui peuvent être utilisées pour exercer une influence discrète tout en respectant les normes éthiques dans divers contextes et situations.

Cultiver la conscience de soi pour une influence efficace

La conscience de soi est un élément crucial dans l'art de l'influence discrète. Cela implique une compréhension approfondie de ses propres pensées, sentiments, croyances et comportements, ainsi que de la manière dont ils peuvent avoir un impact sur les autres. Dans ce chapitre, nous explorerons l'importance de la conscience de soi dans la pratique de l'influence discrète et comment elle peut améliorer l'efficacité de nos efforts de persuasion.

L'importance de la conscience de soi dans l'influence

La conscience de soi est un élément fondamental d'une influence efficace. Cela nous permet de reconnaître et de gérer nos propres préjugés, émotions et styles de communication, ce qui peut à son tour avoir un impact significatif sur notre capacité à persuader les autres. Lorsque nous sommes conscients de nous-mêmes, nous sommes mieux équipés pour identifier nos forces et nos limites, communiquer de manière authentique et adapter notre approche à différentes situations et individus. La conscience de soi nous aide également à surveiller notre comportement et à garantir que nos efforts de persuasion correspondent à nos valeurs et à nos normes éthiques.

Comprendre les préjugés et les perspectives personnelles

La conscience de soi implique de reconnaître et de gérer nos préjugés et nos perspectives personnelles. Chacun a son propre ensemble de préjugés, façonnés par son éducation, ses expériences et ses croyances. Ces préjugés peuvent influencer la façon dont nous percevons et interprétons les informations, ainsi que la façon dont nous communiquons et persuadons les autres. Être conscient de nos préjugés nous permet d'aborder la persuasion avec plus d'objectivité et d'équité, et de minimiser le risque de préjugés involontaires influençant nos efforts de persuasion.

Gérer les émotions et l'influence

Les émotions peuvent jouer un rôle important dans le processus d'influence, tant pour nous-mêmes que pour les autres. La conscience de soi implique de reconnaître et de gérer nos propres émotions, ainsi que de comprendre celles des autres. Les émotions telles que la colère, la peur ou la frustration peuvent avoir un impact sur notre capacité à communiquer efficacement et entraver nos efforts de persuasion. En étant conscients de nos propres émotions et en les gérant de manière appropriée, nous pouvons maintenir une attitude calme et posée et communiquer de manière plus rationnelle et plus convaincante.

Adapter les styles de communication

Une communication efficace est un élément clé d'une persuasion réussie. La conscience de soi nous permet de reconnaître notre propre style de communication et de l'adapter à différentes situations et individus. Certaines personnes peuvent être plus réceptives aux arguments logiques, tandis que d'autres peuvent mieux répondre aux appels émotionnels. En comprenant notre propre style de communication et en étant adaptables, nous pouvons adapter nos efforts de persuasion pour qu'ils correspondent aux préférences et aux styles de communication des autres, augmentant ainsi les chances de succès.

Aligner la persuasion sur les valeurs et les normes éthiques

La conscience de soi nous aide à garantir que nos efforts de persuasion correspondent à nos valeurs et à nos normes éthiques. Cela implique de réfléchir à nos valeurs et croyances personnelles et de veiller à ce que nos efforts de persuasion soient cohérents avec elles. Être conscient de nos propres valeurs et normes éthiques nous permet d'éviter de nous engager dans des tactiques de persuasion contraires à l'éthique ou manipulatrices et garantit que notre influence est alignée sur notre boussole morale.

Développer la conscience de soi

Développer la conscience de soi nécessite une réflexion personnelle, une introspection et des commentaires continus de la part des autres. Cela implique d'observer activement nos pensées, nos sentiments et nos comportements, et de réfléchir à leur impact sur notre capacité à influencer les autres. La recherche de commentaires auprès de sources fiables peut fournir des informations précieuses sur nos angles morts et nous aider à améliorer davantage notre conscience de soi.

La conscience de soi est un élément essentiel dans la pratique de l'influence silencieuse. Cela implique de reconnaître et de gérer nos propres préjugés, émotions et styles de communication, et d'aligner nos efforts de persuasion sur nos valeurs et nos normes éthiques. Cultiver la conscience de soi améliore notre capacité à communiquer efficacement, à adapter notre approche à différentes situations et individus et, en fin de compte, à accroître notre efficacité à persuader les autres. Dans les chapitres suivants, nous explorerons des stratégies et des techniques spécifiques qui peuvent être utilisées pour exercer une influence discrète tout en tirant parti de la conscience de soi dans divers contextes et situations.

Chapitre 2 : L'art d'écouter

Le pouvoir de l'écoute active

L'écoute est une compétence fondamentale dans la pratique de l'influence silencieuse. Cela va au-delà de la simple écoute des mots prononcés par les autres, mais implique plutôt de s'engager activement dans le processus de compréhension, d'interprétation et de réponse à leurs messages. Dans ce chapitre, nous approfondirons le pouvoir de l'écoute active en tant qu'élément clé d'une persuasion efficace, et explorerons des techniques et des stratégies pour améliorer nos capacités d'écoute.

L'importance de l'écoute active dans l'influence

L'écoute active est un aspect crucial de l'influence silencieuse car elle nous permet de vraiment comprendre les autres, d'établir des relations et d'établir la confiance. Cela implique d'accorder toute notre attention à l'orateur, d'éviter les distractions et d'être pleinement présent dans l'instant présent. L'écoute active va au-delà de l'écoute passive, où nous entendons simplement les mots sans en comprendre pleinement le sens ou l'intention. Lorsque nous écoutons activement, nous sommes capables de recueillir des informations précieuses, d'interpréter les signaux non verbaux et de comprendre les émotions et les motivations sous-jacentes de l'orateur. Ce niveau profond de compréhension nous permet d'adapter nos efforts de persuasion de manière plus efficace et plus ciblée.

Techniques pour une écoute active efficace

Écoute empathique : L'écoute empathique implique de se mettre à la place de l'orateur et de véritablement comprendre son point de vue, ses émotions et ses préoccupations. Cela nous oblige à suspendre notre jugement, à nous abstenir d'interrompre et à faire preuve d'une véritable empathie et compréhension. L'écoute empathique nous aide à établir des relations et à établir la confiance, car l'orateur se sent entendu, validé et compris.

Écoute réflexive : L'écoute réflexive consiste à paraphraser ou à résumer le message de l'orateur pour garantir une compréhension précise. Cela nous permet de clarifier tout malentendu, de vérifier notre compréhension et de montrer à l'orateur que nous sommes activement engagés dans la conversation. L'écoute réflexive contribue également à garantir que nous avons une compréhension commune du message, ce qui est crucial pour une persuasion efficace.

Écoute non verbale : Les indices non verbaux, tels que les expressions faciales, le langage corporel et le ton de la voix, transmettent des informations importantes dans la communication. L'écoute active implique de prêter une attention particulière à ces signaux non verbaux, car ils peuvent donner un aperçu des émotions, des attitudes et des intentions de l'orateur. Être attentif aux signaux non verbaux nous permet de mieux comprendre le message de l'orateur au-delà des mots prononcés.

Poser des questions ouvertes : Poser des questions ouvertes encourage l'orateur à élaborer et à fournir plus d'informations. Cela montre notre véritable intérêt pour leur point de vue et les encourage à partager davantage leurs pensées et leurs sentiments. Les questions ouvertes nous aident également à recueillir des informations et des perspectives supplémentaires qui peuvent éclairer nos efforts de persuasion.

Éviter les distractions: L'écoute active nous oblige à être pleinement présents et à éviter les distractions qui pourraient entraver notre capacité à comprendre le message de l'orateur. Cela implique d'éviter le multitâche, de ranger les appareils électroniques et de créer un environnement propice à l'écoute. Être pleinement attentif et présent dans l'instant présent démontre du respect et de la considération envers l'orateur et améliore notre efficacité d'écoute.

Avantages de l'écoute active dans la persuasion

Pratiquer l'écoute active peut apporter plusieurs avantages dans le processus de persuasion. Cela nous permet d'établir des relations et d'établir la confiance avec l'orateur, ce qui est crucial pour influencer son point de vue. L'écoute active nous aide à recueillir des informations précieuses, à interpréter les signaux non verbaux et à comprendre les émotions et les motivations sous-jacentes de l'orateur, nous permettant ainsi d'adapter nos efforts de persuasion de manière plus efficace et ciblée. Cela nous aide également à identifier les objections ou préoccupations potentielles que l'orateur pourrait avoir et à y répondre de manière proactive. Dans l'ensemble, l'écoute active améliore notre capacité à communiquer de manière authentique, à établir des relations et à instaurer la confiance, qui sont des éléments clés d'une persuasion efficace.

L'écoute active est un outil puissant dans la pratique de l'influence silencieuse. Cela implique d'aller au-delà de l'écoute passive et de s'engager activement dans le processus de compréhension, d'interprétation et de réponse au message de l'orateur. Des techniques telles que l'écoute empathique et l'écoute réflexive, prêter attention aux signaux non verbaux, poser des questions ouvertes et éviter les distractions contribuent tous à une écoute active efficace. En pratiquant l'écoute active, nous pouvons établir des relations, établir la confiance, recueillir des informations précieuses et mieux comprendre les émotions et les motivations de l'orateur, ce qui améliore notre capacité à persuader efficacement.

Établir des relations et de la confiance grâce à l'écoute

Une écoute efficace ne consiste pas seulement à entendre les mots prononcés par l'orateur, mais également à comprendre les messages, les émotions et les motivations sous-jacents. L'écoute est un outil puissant dans l'art de l'influence silencieuse, car elle nous permet de nous connecter avec les autres à un niveau plus profond, d'établir des relations et d'établir la confiance. Dans ce chapitre, nous explorerons en profondeur le rôle de l'écoute dans l'établissement de relations et de confiance, et comment elle contribue à notre capacité à persuader efficacement de manière subtile et percutante.

Comprendre l'importance du rapport et de la confiance

Le rapport et la confiance sont des éléments essentiels d'une persuasion efficace. Le rapport fait référence à la connexion ou au lien harmonieux établi entre deux individus, où il existe un sentiment de compréhension, de respect mutuel et de confiance. La confiance, quant à elle, est la croyance ou la confiance qu'une personne a dans la fiabilité, l'intégrité et les intentions d'une autre. Lorsque nous établissons des relations et une confiance avec les autres, nous créons un environnement propice à la persuasion, car les gens sont plus susceptibles d'être réceptifs à nos idées et suggestions.

L'écoute comme outil pour établir des relations

L'écoute est un élément clé dans l'établissement de relations. Lorsque nous écoutons activement les autres, nous montrons un véritable intérêt pour leurs pensées, leurs sentiments et leurs points de vue, ce qui favorise un sentiment de validation et de respect. Cela aide à établir une connexion et à établir un rapport avec l'orateur. En écoutant attentivement et en faisant preuve d'empathie, nous pouvons créer un espace sûr pour une communication ouverte et bâtir une base de confiance.

Techniques pour établir des relations grâce à l'écoute

Il existe plusieurs techniques qui peuvent être utilisées pour établir une relation grâce à l'écoute. Ceux-ci inclus:

Écoute empathique : Cela implique non seulement d'entendre les mots, mais aussi de comprendre et de reconnaître les émotions qui se cachent derrière eux. Cela nécessite de se mettre à la place de l'orateur, de faire preuve d'empathie et de valider ses sentiments.

Écoute réflexive : Cette technique consiste à paraphraser ou à résumer le message de l'orateur pour en assurer la compréhension. Cela démontre que nous traitons activement les informations et que nous sommes véritablement intéressés par leur point de vue.

Écoute non verbale : Prêter attention au langage corporel, aux expressions faciales et au ton de la voix de l'orateur peut fournir des informations précieuses sur ses émotions et ses sentiments. Cela nous aide à détecter les signaux non verbaux et à réagir en conséquence, établissant ainsi des relations grâce à la communication non verbale.

Poser des questions ouvertes : Poser des questions ouvertes encourage l'orateur à développer ses pensées et ses sentiments, conduisant à une conversation plus significative. Cela montre notre véritable intérêt à comprendre leur point de vue et aide à établir des relations en encourageant un partage ultérieur.

Éviter les distractions: Accorder toute notre attention à l'orateur en évitant les distractions telles que vérifier son téléphone ou regarder autour de nous montre non seulement du respect, mais nous permet également de bien comprendre son message et d'établir des relations.

Avantages de l'établissement de relations et de confiance grâce à l'écoute

Établir des relations et de la confiance grâce à l'écoute présente plusieurs avantages dans l'art de la persuasion. Il établit une base solide pour une communication efficace et crée un environnement dans lequel l'orateur se sent entendu, compris et valorisé. Cela favorise un sentiment de confiance et de crédibilité, rendant l'orateur plus réceptif à nos idées et suggestions. Cela améliore également notre compréhension du point de vue de l'orateur, nous permettant d'adapter plus efficacement nos efforts de persuasion.

Écoute est un outil puissant pour établir des relations et de la confiance dans l'art de l'influence discrète. En écoutant activement, en faisant preuve d'empathie, en réfléchissant au message de l'orateur, en prêtant attention aux signaux non verbaux, en posant des questions ouvertes et en évitant les distractions, nous pouvons établir des relations et une confiance avec les autres, créant ainsi un environnement propice à la persuasion. L'établissement de relations et de confiance grâce à l'écoute améliore notre capacité à persuader efficacement, de manière subtile et percutante. Dans le prochain chapitre, nous approfondirons le rôle de l'empathie dans l'influence discrète et explorerons diverses techniques et stratégies de développement de l'empathie.

Surmonter les obstacles courants à l'écoute

L'écoute est une compétence cruciale dans l'art de l'influence discrète, mais elle peut parfois s'avérer difficile en raison de divers obstacles qui entravent une communication efficace. Dans ce chapitre, nous approfondirons les obstacles courants à l'écoute qui peuvent entraver notre capacité à écouter efficacement et discuterons des stratégies pour les surmonter.

Distractions: Dans le monde trépidant d'aujourd'hui, les distractions abondent, depuis les smartphones et autres appareils électroniques jusqu'aux demandes concurrentes d'attention. Ces distractions peuvent avoir un impact significatif sur notre capacité à écouter attentivement et activement les autres. Surmonter les distractions nécessite un effort conscient et de l'autodiscipline. Des stratégies telles qu'éteindre les appareils électroniques, trouver un environnement calme et propice à l'écoute et pratiquer la pleine conscience peuvent aider à surmonter les distractions et à améliorer nos capacités d'écoute.

Notions préconçues et préjugés : Nos idées préconçues, nos préjugés et nos préjugés peuvent obscurcir notre capacité à écouter objectivement et sans jugement. Lorsque nous abordons une conversation avec des idées préconçues ou des préjugés, nous pouvons entendre de manière sélective des informations qui confirment nos croyances existantes, tout en ignorant ou en rejetant les perspectives opposées. Surmonter les idées préconçues et les préjugés nécessite une conscience de soi, une ouverture d'esprit et des efforts actifs pour suspendre son jugement. Faire preuve d'empathie, rechercher des perspectives diverses et remettre activement en question nos propres préjugés peut nous aider à surmonter ces obstacles.

État émotionnel: Notre état émotionnel peut également affecter notre capacité à écouter efficacement. Lorsque nous sommes bouleversés, anxieux ou stressés, notre capacité à écouter avec un esprit ouvert et une attitude empathique peut être compromise. Gérer nos émotions et être conscient de notre état émotionnel peut aider à améliorer nos capacités d'écoute. Des techniques telles que la respiration profonde, les pratiques de pleine conscience et les pauses pour gérer nos émotions peuvent nous permettre d'écouter plus efficacement et sans parti pris.

Manque de patience: L'écoute demande de la patience et de l'attention, et notre impatience ou notre empressement à répondre peut entraver notre capacité à écouter attentivement. Lorsque nous nous concentrons sur la formulation de notre réponse alors que l'orateur parle encore, nous pouvons manquer des informations cruciales ou ne pas comprendre pleinement son point de vue. Surmonter le manque de patience nécessite un effort conscient pour se concentrer sur l'orateur, pratiquer une écoute active et résister à l'envie de l'interrompre ou de répondre immédiatement. Prendre des notes, résumer le message de l'orateur et poser des questions de clarification peuvent également aider à améliorer notre patience et notre attention lors de l'écoute.

Barrières linguistiques et culturelles : Les différences linguistiques et culturelles peuvent constituer des obstacles importants à une écoute efficace, en particulier dans des contextes diversifiés. Différents accents, dialectes ou normes culturelles peu familières peuvent nécessiter des efforts supplémentaires pour comprendre et interpréter avec précision. Pour surmonter les barrières linguistiques et culturelles, il faut écouter activement, demander des éclaircissements si nécessaire et être attentif aux différences culturelles. Être ouvert d'esprit, sans jugement et respectueux des divers styles de communication peut faciliter une écoute efficace dans des contextes interculturels ou multilingues.

Surmonter les barrières d'écoute courantes est essentiel dans l'art de l'influence silencieuse. En reconnaissant et en abordant les distractions, les idées préconçues et les préjugés, l'état émotionnel, le manque de patience et les barrières linguistiques et culturelles, nous pouvons améliorer nos capacités d'écoute et créer un environnement propice à une persuasion efficace. Dans le prochain chapitre, nous explorerons les techniques d'écoute active et discuterons de la manière dont elles peuvent être appliquées dans diverses situations pour améliorer notre capacité à influencer les autres de manière subtile et efficace.

Maîtriser la communication non verbale pour une influence silencieuse

La communication ne concerne pas seulement les mots que nous prononçons ou entendons. La communication non verbale, notamment le langage corporel, les expressions faciales, les gestes et le ton de la voix, joue un rôle crucial dans une communication efficace et peut avoir un impact considérable sur notre capacité à influencer les autres. Dans ce chapitre, nous approfondirons le pouvoir de la communication non verbale et discuterons des stratégies permettant de la maîtriser pour une influence discrète.

Le langage du corps: Notre langage corporel peut transmettre des messages puissants qui peuvent parfois être plus éloquents que les mots. Cela comprend notre posture, nos gestes, nos expressions faciales, notre contact visuel et nos mouvements physiques. Maîtriser le langage corporel implique d'être conscient de notre propre langage corporel et d'interpréter avec précision le langage corporel des autres. Par exemple, maintenir une posture ouverte et accessible, faire des gestes appropriés qui soutiennent notre message, maintenir un contact visuel et refléter le langage corporel de l'autre personne peut créer des relations et renforcer la confiance, conduisant à une influence plus efficace.

Expressions faciales : Nos expressions faciales peuvent transmettre un large éventail d'émotions et avoir un impact considérable sur la façon dont notre message est perçu. Un sourire sincère, un sourcil froncé ou un sourcil levé peuvent tous communiquer des émotions et des attitudes différentes. Être conscient de nos propres expressions faciales et interpréter celles des autres peut nous aider à évaluer leurs émotions, leurs réactions et leur réceptivité à notre message. Être attentif à nos expressions faciales et les ajuster pour les aligner sur notre message et le contexte peut améliorer notre capacité à influencer les autres en silence.

Gestes: Les gestes, tels que les mouvements de la main, hocher la tête ou pointer du doigt, peuvent renforcer notre message et mettre l'accent sur notre communication. Cependant, les gestes peuvent également être mal interprétés ou distrayants s'ils ne sont pas utilisés correctement. Maîtriser les gestes implique de les utiliser de manière ciblée et consciente, d'être conscient des différences culturelles dans les gestes et de s'assurer que nos gestes sont alignés avec notre message et notre intention.

Ton de la voix: Notre ton de voix, y compris la hauteur, le volume et le rythme, peut transmettre des émotions, des attitudes et des significations qui ont un impact sur notre communication. Parler trop vite, trop fort ou d'une voix monotone peut diminuer notre message, tandis que parler trop doucement ou trop lentement peut manquer de confiance ou d'autorité. Maîtriser le ton de la voix implique d'être attentif à la façon dont nous parlons, d'ajuster notre ton en fonction de notre message et de notre public, et de l'utiliser efficacement pour transmettre subtilement notre influence.

Indices d'écoute : Les indices non verbaux de l'orateur, tels que son langage corporel, ses expressions faciales et le ton de sa voix, peuvent également fournir des informations importantes pour une écoute efficace. Être attentif à ces signaux peut nous aider à mieux comprendre les émotions, les perspectives et les messages sous-jacents de l'orateur, et à réagir en conséquence. Maîtriser les signaux d'écoute implique une écoute active et empathique, une observation et une interprétation précise des signaux non verbaux pour améliorer notre capacité à influencer les autres.

La maîtrise de la communication non verbale est un aspect essentiel de l'art de l'écoute et de l'influence silencieuse. En étant conscients de notre propre langage corporel, de nos expressions faciales, de nos gestes, du ton de notre voix et de nos signaux d'écoute, et en interprétant et en répondant avec précision aux signaux non verbaux des autres, nous pouvons améliorer nos compétences en communication et influencer efficacement les autres de manière subtile. Dans le prochain chapitre, nous explorerons les techniques permettant de maîtriser la communication non verbale dans des situations spécifiques, telles que les négociations, les présentations et les interactions interpersonnelles, afin d'affiner davantage nos compétences d'influence discrète.

Chapitre 3 : L'art d'observer

L'importance d'une observation attentive

L'observation est une compétence puissante qui peut grandement améliorer notre capacité à influencer discrètement les autres. En observant attentivement notre environnement, les personnes et les situations, nous pouvons recueillir des informations précieuses, acquérir des connaissances et prendre des décisions éclairées. Dans ce chapitre, nous explorerons en profondeur l'importance d'une observation approfondie dans l'art de l'influence discrète et discuterons des stratégies pour développer cette compétence.

Développer la sensibilisation : La première étape dans l'art d'observer consiste à développer la conscience. Cela implique d'être présent dans l'instant présent, de prêter attention à notre environnement et d'être ouvert aux informations et aux signaux qui peuvent ne pas être immédiatement évidents. Cultiver la pleine conscience, être curieux et avoir un état d'esprit ouvert peut nous aider à devenir plus observateurs et réceptifs aux détails subtils qui peuvent éclairer nos stratégies d'influence.

La collecte d'informations: Observer implique de rechercher et de recueillir activement des informations provenant de diverses sources, telles que des signaux verbaux et non verbaux, des actions, des comportements et des facteurs environnementaux. Cela peut inclure de prêter attention au langage corporel, aux expressions faciales, au ton de la voix et à d'autres indices non verbaux, ainsi qu'une écoute attentive de ce qui est dit et non-dit. Prendre note des modèles, des tendances et des incohérences peut fournir des informations précieuses qui peuvent éclairer notre approche d'influence.

Interprétation des informations : Une fois que nous avons recueilli des informations grâce à l'observation, l'étape suivante consiste à les interpréter et à les analyser. Cela implique de donner un sens aux données que nous avons collectées, d'identifier les significations, les motivations et les émotions sous-jacentes, et de comprendre le contexte et les implications des informations. Une interprétation efficace nécessite une pensée critique, une intelligence émotionnelle et la capacité de lire entre les lignes pour mieux comprendre la situation et les personnes impliquées.

Prendre des décisions éclairées : Les informations recueillies et interprétées grâce à une observation approfondie peuvent nous aider à prendre des décisions éclairées sur nos stratégies d'influence. Cela peut inclure la détermination de l'approche, du calendrier et des tactiques les plus appropriés pour influencer subtilement les autres. Par exemple, sur la base de nos observations, nous pouvons choisir d'adapter notre style de communication, d'adapter notre message ou d'ajuster notre comportement pour nous aligner sur la dynamique observée et augmenter nos chances de réussir à influencer les autres.

Adaptation et flexibilité : Une observation approfondie implique également d'être adaptable et flexible dans notre approche. À mesure que nous observons et recueillons des informations, nous devrons peut-être ajuster nos stratégies ou modifier notre plan d'action en fonction de l'évolution de la situation. Être ouvert à de nouvelles informations, commentaires et idées, et être prêt à adapter nos stratégies d'influence en conséquence peut accroître notre efficacité à influencer les autres en silence.

Une observation attentive est une compétence
essentielle dans l'art de l'influence discrète. En
développant notre conscience, en rassemblant des
informations, en les interprétant, en prenant des
décisions éclairées et en étant adaptables, nous
pouvons améliorer notre capacité à observer et à
obtenir des informations qui éclairent nos
stratégies d'influence. Dans le prochain chapitre,
nous explorerons comment appliquer l'art de
l'observation dans des situations spécifiques,
comme dans les négociations, la résolution de
conflits et la prise de décision, pour perfectionner
davantage nos capacités d'influence discrète.

Comprendre le langage corporel et les micro-expressions

Le langage corporel et les micro-expressions sont
de puissants signaux non verbaux qui peuvent
révéler une mine d'informations sur les pensées, les
sentiments et les intentions d'une personne. Dans
ce chapitre, nous approfondirons l'importance de
comprendre le langage corporel et les micro-
expressions dans l'art de l'observation pour une
influence silencieuse.

Le langage du corps: Le langage corporel fait référence à la communication non verbale exprimée à travers des mouvements physiques, des gestes, des postures, des expressions faciales et un contact visuel. Il peut donner un aperçu des émotions, des attitudes et du niveau de confort ou d'inconfort d'une personne dans une situation donnée. En observant attentivement le langage corporel, nous pouvons obtenir des informations précieuses qui peuvent éclairer notre approche d'influence.

- Comprendre les postures : Différentes postures, telles que les postures ouvertes, fermées ou défensives, peuvent indiquer le niveau de réceptivité, de confiance ou de défensive d'une personne. Par exemple, les bras ou les jambes croisés peuvent indiquer une attitude défensive ou une résistance, tandis que les bras ouverts et une posture détendue peuvent indiquer une réceptivité et une ouverture.

- Interprétation des gestes : les gestes, tels que les mouvements de la main, les expressions faciales et les hochements de tête, peuvent fournir des indices sur les émotions, les intentions et le niveau d'engagement d'une personne. Par exemple, une personne hochant la tête en écoutant peut indiquer un accord ou une compréhension, tandis que les sourcils froncés peuvent indiquer une confusion ou une inquiétude.

- Contact visuel : le contact visuel est un signal non verbal crucial qui peut révéler le niveau d'engagement, de confiance ou d'inconfort d'une personne. Maintenir un contact visuel pendant une conversation peut signaler une attention et une sincérité, tandis qu'éviter un contact visuel peut exprimer un désintérêt ou une tromperie.

- Micro-expressions : Les micro-expressions sont des expressions faciales brèves et involontaires qui se produisent en une fraction de seconde et peuvent révéler les véritables émotions d'une personne, même si elle essaie de les cacher. En comprenant les micro-expressions, nous pouvons mieux comprendre les émotions sous-jacentes d'une personne, ce qui peut éclairer nos stratégies d'influence.

- Identifier les micro-expressions : les micro-expressions peuvent être subtiles et éphémères, mais une observation approfondie peut nous aider à les identifier. Par exemple, une légère contraction de la lèvre, un sourcil plissé ou un changement rapide de l'expression du visage peuvent être révélateurs des véritables émotions d'une personne.

- Interprétation des micro-expressions : Une fois identifiées, l'interprétation des micro-expressions nécessite de l'intelligence émotionnelle et de l'empathie. Comprendre les émotions sous-jacentes, telles que la colère, la peur, la tristesse ou la joie, peut nous aider à adapter nos stratégies d'influence en conséquence.

- Compréhension contextuelle : il est important de noter que le langage corporel et les micro-expressions doivent être interprétés dans le contexte de la situation, des normes culturelles et des différences individuelles. Un geste ou une expression particulière peut avoir des significations différentes selon les contextes, et il est essentiel de considérer le contexte global pour éviter toute interprétation erronée.

Considérations éthiques: Il est crucial d'utiliser notre compréhension du langage corporel et des micro-expressions de manière éthique et responsable. Le respect de la vie privée, du consentement et des sensibilités culturelles doit toujours être pris en compte lors de l'interprétation des signaux non verbaux, et nous devons éviter de formuler des hypothèses ou des jugements basés uniquement sur le langage corporel ou les micro-expressions.

Comprendre le langage corporel et les micro-expressions est un outil puissant dans l'art de l'observation pour une influence silencieuse. En observant et en interprétant attentivement les signaux non verbaux, nous pouvons obtenir des informations précieuses sur les émotions, les intentions et le niveau d'engagement d'une personne, qui peuvent éclairer nos stratégies d'influence. Dans le prochain chapitre, nous explorerons d'autres stratégies et techniques pour appliquer l'art de l'observation dans divers contextes, tels que les négociations, la résolution de conflits et la prise de décision, afin d'améliorer nos capacités d'influence discrète.

Détecter les besoins et les désirs tacites

Dans l'art d'observer pour une influence discrète, il est essentiel non seulement d'écouter ce qui est dit, mais aussi de prêter une attention particulière à ce qui n'est pas dit. Les besoins et désirs tacites peuvent fournir des informations précieuses sur les motivations, les priorités et l'état émotionnel d'une personne. Dans ce chapitre, nous approfondirons l'importance de détecter les besoins et les désirs tacites et comment cela peut améliorer nos capacités d'influence discrète.

Comprendre les besoins et les désirs tacites : Les besoins et les désirs tacites sont les désirs, les souhaits et les émotions sous-jacents qui peuvent ne pas être explicitement exprimés par une personne, mais qui peuvent être déduits grâce à une observation attentive. Ils peuvent aller de simples préférences à des besoins émotionnels profonds et peuvent avoir un impact considérable sur le comportement et la prise de décision d'une personne.

Observation approfondie : Détecter les besoins et les désirs tacites nécessite de grandes capacités d'observation. Cela implique de prêter attention aux signaux verbaux et non verbaux, ainsi qu'aux facteurs contextuels, pour déchiffrer ce qu'une personne n'exprime peut-être pas directement. Par exemple, des changements subtils dans le ton de la voix, les expressions faciales, le langage corporel ou les hésitations dans la parole peuvent fournir des indices sur les besoins et les désirs tacites d'une personne.

Empathie et intelligence émotionnelle : L'empathie et l'intelligence émotionnelle sont cruciales pour détecter les besoins et les désirs tacites. Cela implique de se mettre à la place de l'autre personne, de comprendre ses émotions et d'être capable d'interpréter avec précision ses besoins et ses désirs tacites. Cela nécessite non seulement d'observer la personne, mais également de comprendre ses émotions, ses motivations et ses perspectives pour mieux comprendre ses besoins et ses désirs tacites.

Compréhension contextuelle : Il est important de considérer le contexte dans lequel les besoins et les désirs tacites sont observés. Les normes culturelles, les dynamiques sociales et les différences individuelles peuvent avoir un impact sur la façon dont les besoins et désirs tacites sont exprimés ou cachés. La prise en compte du contexte plus large peut aider à interpréter avec précision les besoins et désirs tacites et à éviter les erreurs d'interprétation ou de communication.

Considérations éthiques: La détection des besoins et des désirs tacites doit être effectuée dans le plus grand respect de la vie privée, du consentement et des considérations éthiques. Il est important d'obtenir le consentement lorsque l'on cherche à comprendre les besoins et les désirs tacites d'une personne, et de traiter toute information obtenue avec confidentialité et intégrité. Il est également important d'être conscient de tout préjugé ou hypothèse potentiel qui pourrait influencer notre interprétation des besoins et des désirs tacites, et d'aborder le processus avec empathie et respect.

Application aux stratégies d'influence : Détecter les besoins et les désirs tacites peut grandement éclairer nos stratégies d'influence. En comprenant les motivations sous-jacentes et les besoins émotionnels d'une personne, nous pouvons adapter notre approche pour mieux résonner avec elle et répondre efficacement à ses besoins et désirs tacites. Cela peut améliorer notre capacité à influencer les autres de manière subtile et percutante, sans compter uniquement sur la communication verbale.

Détecter les besoins et les désirs tacites est une compétence cruciale dans l'art de l'observation pour une influence discrète. En observant et en interprétant attentivement les signaux verbaux et non verbaux, ainsi qu'en considérant le contexte plus large, nous pouvons obtenir des informations précieuses sur les motivations, les émotions et les priorités d'une personne, qui peuvent éclairer nos stratégies d'influence. Dans le chapitre suivant, nous explorerons d'autres stratégies et techniques pour appliquer l'art de l'observation à différents contextes, tels que le leadership, les ventes et les relations interpersonnelles, afin d'améliorer nos capacités d'influence discrète.

Utiliser l'observation comme outil stratégique d'influence

L'observation est un outil puissant dans l'art de l'influence et, lorsqu'elle est utilisée de manière stratégique, elle peut améliorer considérablement notre capacité à influencer les autres de manière subtile et efficace. Dans ce chapitre, nous approfondirons la manière dont l'observation peut être utilisée comme outil stratégique d'influence, en fournissant des informations détaillées et des techniques pour tirer parti de l'observation dans divers contextes.

Observation stratégique : L'observation stratégique consiste à observer intentionnellement et systématiquement les autres pour obtenir des informations, recueillir des informations et comprendre leurs comportements, leurs préférences et leurs motivations. Cela va au-delà de l'observation occasionnelle et nécessite une approche ciblée et ciblée pour collecter des données précieuses qui peuvent éclairer nos stratégies d'influence.

Identifier les modèles et les tendances : L'observation stratégique implique l'identification de modèles et de tendances dans les comportements, les actions et la communication des autres. En observant attentivement et en notant les comportements, signaux ou réactions répétés, nous pouvons découvrir des modèles sous-jacents qui peuvent révéler des informations importantes sur les préférences, les valeurs et les motivations d'une personne. Cela peut nous permettre d'adapter nos stratégies d'influence en conséquence et de répondre efficacement à leurs besoins et désirs.

La communication non verbale: La communication non verbale joue un rôle important dans l'observation et peut fournir des informations précieuses sur les émotions, les attitudes et les intentions d'une personne. Comprendre et interpréter les signaux non verbaux tels que les expressions faciales, le langage corporel, les gestes et le contact visuel peut fournir un aperçu de l'état émotionnel d'une personne, de son niveau d'engagement et de sa réceptivité à l'influence. Cela peut nous aider à ajuster notre approche et à adapter nos stratégies d'influence en conséquence.

La capacité d'écoute: L'écoute active est un élément important de l'observation et peut fournir des informations précieuses sur les pensées, les sentiments et les perspectives d'une personne. En écoutant véritablement les autres, nous pouvons mieux comprendre leurs motivations, leurs préoccupations et leurs désirs, ce qui peut éclairer nos stratégies d'influence. Cela implique non seulement d'écouter ce qui est dit, mais également de prêter attention au ton de la voix, aux pauses, aux hésitations et à d'autres signaux verbaux qui peuvent donner un aperçu des besoins et des désirs tacites.

Compréhension contextuelle : L'observation doit être effectuée dans le contexte de la situation, de l'environnement et de la culture dans lesquels elle se produit. Des facteurs tels que les normes culturelles, la dynamique sociale et les différences individuelles peuvent avoir un impact sur la façon dont l'observation est interprétée et utilisée à des fins d'influence. Être conscient du contexte et adapter nos techniques d'observation en conséquence peut nous aider à interpréter et à exploiter avec précision les enseignements tirés de l'observation.

Considérations éthiques: Les considérations éthiques doivent toujours être gardées à l'esprit lorsque l'on utilise l'observation comme outil d'influence. Il est important de respecter la vie privée et le consentement des autres, et de ne pas se livrer à des pratiques contraires à l'éthique ou invasives. L'observation doit être effectuée avec intégrité, professionnalisme et respect des limites et des droits d'autrui.

Application aux stratégies d'influence : L'observation peut être appliquée dans diverses stratégies d'influence, telles que l'établissement de relations, l'adaptation de la communication et l'adaptation des techniques de persuasion pour s'aligner sur les préférences et les motivations d'une personne. En tirant parti des enseignements tirés de l'observation, nous pouvons améliorer nos stratégies d'influence et accroître leur efficacité, sans nous fier uniquement à la communication verbale.

L'observation est un outil d'influence puissant et stratégique, fournissant des informations précieuses sur les comportements, les émotions et les motivations des autres. En observant intentionnellement et systématiquement les autres, en identifiant des modèles, en interprétant les signaux non verbaux et en écoutant activement, nous pouvons recueillir des informations importantes qui peuvent éclairer nos stratégies d'influence. Cependant, il est important de toujours considérer le contexte, de respecter les considérations éthiques et d'utiliser l'observation avec intégrité et professionnalisme. Dans le prochain chapitre, nous explorerons d'autres stratégies et techniques pour utiliser l'observation comme outil stratégique d'influence dans différents contextes, tels que le leadership, la négociation et les relations interpersonnelles, afin d'améliorer nos capacités d'influence discrète.

Chapitre 4 : L'art de l'empathie

Développer l'empathie comme compétence clé pour une influence discrète

L'empathie est une compétence essentielle dans l'art de l'influence, en particulier lorsqu'il s'agit d'une influence discrète. Cela implique de comprendre et de partager les émotions, les pensées et les expériences des autres et constitue un élément essentiel pour établir des relations, comprendre les perspectives et influencer les comportements. Dans ce chapitre, nous approfondirons l'empathie en tant que compétence clé pour une influence discrète, en fournissant des informations détaillées et des techniques pour développer l'empathie dans divers contextes.

Comprendre l'empathie : L'empathie consiste à se mettre à la place des autres, à voir le monde de leur point de vue et à ressentir leurs émotions et leurs pensées. Cela nécessite d'écouter activement, d'être présent et de faire preuve d'une véritable compréhension et compassion envers les autres.

L'empathie va au-delà de la sympathie, qui implique de se sentir désolé pour les autres, et cherche plutôt à vraiment comprendre et à se connecter avec leurs expériences et leurs émotions.

Empathie et établissement de relations : L'empathie est un élément fondamental pour établir des relations et de la confiance, qui sont des éléments essentiels d'une influence efficace. Lorsque nous faisons preuve d'empathie envers les autres, nous créons une connexion et établissons un sentiment de compréhension et de confiance. Cela contribue à créer un environnement positif et réceptif pour influencer les autres, car ils se sentent compris et valorisés.

Développer des compétences d'écoute empathique : Écouter avec empathie est un aspect clé du développement de l'empathie. Cela implique non seulement d'entendre les mots prononcés, mais aussi de comprendre les émotions, les besoins et les désirs qui sous-tendent la communication. L'écoute empathique nécessite d'être pleinement présent, de suspendre son jugement et de faire preuve d'une véritable curiosité et d'un intérêt à comprendre le point de vue de l'autre personne.

Prise de perspective : L'empathie implique de se mettre activement à la place des autres et de voir la situation de leur point de vue. Cela nécessite de mettre de côté nos propres préjugés, hypothèses et croyances et d'essayer véritablement de comprendre le point de vue de l'autre personne. La prise de perspective nous aide à mieux comprendre leurs pensées, leurs sentiments et leurs motivations, ce qui peut éclairer nos stratégies d'influence.

Intelligence émotionnelle: L'intelligence émotionnelle, qui inclut la capacité de comprendre et de gérer nos propres émotions ainsi que celles des autres, est étroitement liée à l'empathie. En développant notre intelligence émotionnelle, nous pouvons mieux comprendre et réguler nos propres émotions, mais aussi percevoir et répondre avec précision aux émotions des autres. Cela peut nous aider à établir des relations, à gérer les conflits et à gérer des situations chargées d'émotion avec empathie.

Empathie dans les situations difficiles : L'empathie est particulièrement importante dans les situations difficiles ou stimulantes où les émotions peuvent être exacerbées et où des conflits ou des désaccords peuvent survenir. En faisant preuve d'empathie envers les autres, nous pouvons désamorcer les tensions, désamorcer les conflits et créer un environnement propice à la résolution des problèmes et à une influence positive.

Cultiver l'empathie : L'empathie est une compétence qui peut être cultivée et développée au fil du temps grâce à la pratique et à la conscience de soi. Cela nécessite de choisir activement de faire preuve d'empathie et d'appliquer consciemment l'empathie dans nos interactions avec les autres. Cela peut impliquer d'adopter une attitude sans jugement, d'écouter activement avec empathie, de pratiquer la prise de perspective et de développer continuellement notre intelligence émotionnelle.

Considérations éthiques: Les considérations éthiques sont importantes lorsque l'on utilise l'empathie comme outil d'influence. Il est important d'être sincère et authentique dans nos interactions empathiques, et de ne pas manipuler ou exploiter les émotions des autres à des fins personnelles. L'empathie doit être utilisée avec intégrité, dans le respect des émotions et des limites des autres, et en conformité avec les principes éthiques.

L'empathie est une compétence essentielle dans l'art de l'influence discrète, nous permettant de nous connecter avec les autres, de comprendre leurs points de vue et d'influencer positivement leur comportement. En développant nos capacités d'empathie en comprenant l'empathie, en cultivant l'écoute empathique, en pratiquant la prise de perspective, en développant l'intelligence émotionnelle et en appliquant l'empathie dans des situations difficiles, nous pouvons améliorer notre capacité à influencer discrètement les autres. Il est important d'utiliser l'empathie avec sincérité, intégrité et considération éthique, et de s'efforcer continuellement d'améliorer notre empathie. Compétences par la pratique et la conscience de soi. Ce faisant, nous pouvons devenir des influenceurs plus efficaces, en établissant des relations significatives basées sur la confiance, la compréhension et le respect mutuel.

ET L'empathie n'est pas seulement une compétence générale, mais un outil puissant pour une influence discrète. Cela nécessite un engagement actif, une véritable compréhension et une connexion compatissante avec les autres. Grâce à l'empathie, nous pouvons créer une influence positive sur les autres, favoriser des relations saines et gérer des situations difficiles avec grâce et efficacité.

Alors que vous vous lancez dans votre voyage pour cultiver l'empathie en tant que compétence clé pour une influence discrète, n'oubliez pas de pratiquer l'écoute active, de prendre du recul, de développer votre intelligence émotionnelle et d'appliquer l'empathie avec sincérité et considérations éthiques. Ce faisant, vous serez mieux équipé pour vous connecter avec les autres à un niveau plus profond, comprendre leurs besoins et leurs désirs et influencer leur comportement de manière authentique, respectueuse et percutante.

Techniques de communication empathique

La communication empathique est une compétence vitale pour une influence discrète, car elle nous permet de véritablement comprendre et de nous connecter avec les autres sur un niveau émotionnel profond. Cela implique non seulement d'écouter et de comprendre, mais aussi de transmettre activement notre empathie dans notre communication avec les autres. Voici quelques techniques approfondies et détaillées pour une communication empathique :

Écoute réflexive : L'écoute réflexive consiste à paraphraser ou à résumer ce que l'orateur a dit pour démontrer que vous avez compris son message. Cette technique vous permet de clarifier votre compréhension et de montrer que vous êtes activement engagé dans la conversation. Par exemple, vous pouvez dire : « Ce que je vous entends dire, c'est... » ou « On dirait que vous ressentez... »

Validation: La validation implique de reconnaître et d'accepter les sentiments et les expériences de l'autre personne sans jugement. Cette technique montre que vous validez leurs émotions et leurs expériences comme étant valables et importantes, même si vous n'êtes peut-être pas d'accord avec elles. Vous pouvez dire des choses comme : « Je comprends ce que vous ressentez » ou « Il est compréhensible que vous ressentiez cela ».

Questions ouvertes: Poser des questions ouvertes encourage l'orateur à partager davantage ses pensées, ses sentiments et ses expériences, permettant ainsi une compréhension plus profonde. Évitez les questions fermées auxquelles on peut répondre par un simple « oui » ou « non ». Utilisez plutôt des questions qui commencent par « quoi »,

« comment » ou « parlez-m 'en plus sur... » pour obtenir des réponses plus détaillées.

Langage sans jugement : L'utilisation d'un langage sans jugement contribue à créer un environnement sûr et non menaçant pour une communication ouverte. Évitez d'utiliser des mots ou des expressions qui peuvent sembler critiques ou porter un jugement, car cela peut nuire à une communication empathique efficace. Utilisez plutôt un langage neutre et sans reproche pour montrer votre acceptation et votre compréhension.

Validation émotionnelle : Valider et reconnaître les émotions de l'autre peut être un outil puissant de communication empathique. Faites preuve d'empathie en reconnaissant leurs émotions avec des phrases telles que « Cela a dû être difficile pour vous » ou « Je peux imaginer ce que cela vous a fait ressentir ». Cela valide leurs émotions et démontre votre compréhension et votre compassion.

Paraphrase et résumé : Paraphraser et résumer implique de reformuler le message de l'orateur dans vos propres mots pour garantir une compréhension précise. Cette technique vous aide à confirmer votre compréhension et permet à l'orateur de clarifier ou de fournir des informations complémentaires si

nécessaire. Par exemple, vous pouvez dire : «
Laissez-moi m'assurer que j'ai bien compris. Vous
dites cela... »

Présence consciente : Être pleinement présent
et attentif au moment présent lors d'une
conversation est crucial pour une communication
empathique. Évitez les distractions et montrez un
véritable intérêt pour le message de l'orateur.
Entraînez-vous à écouter activement, à maintenir
un contact visuel et à fournir des signaux non
verbaux appropriés, comme hocher la tête ou
sourire, pour montrer que vous êtes pleinement
présent et engagé.

Éviter d'interrompre : L'interruption peut
perturber le flux de la conversation et entraver la
communication empathique. Faites preuve de
patience et de maîtrise de soi pour éviter
d'interrompre l'orateur. Laissez-les terminer leurs
réflexions et s'exprimer pleinement avant de
répondre.

Pratiquer un langage corporel empathique :
Votre langage corporel peut également transmettre
de l'empathie. Maintenez une posture ouverte et
non menaçante, faites face à l'orateur, maintenez
un contact visuel et utilisez des expressions faciales

appropriées pour faire preuve d'empathie. Évitez de croiser les bras, de détourner le regard ou d'afficher des signaux non verbaux négatifs qui peuvent gêner la communication empathique.

Répondre avec empathie : Répondre avec empathie implique d'exprimer sa compréhension, sa validation et son attention dans votre réponse. Vous pouvez utiliser des expressions telles que « Je t'entends », « Cela a du sens » ou « Je comprends » pour transmettre de l'empathie. N'oubliez pas d'être authentique et sincère dans vos réponses pour établir la confiance et la connexion avec l'orateur.

En appliquant ces techniques de communication empathique, vous pouvez créer un environnement sûr et favorable pour une communication efficace.

Naviguer dans l'intelligence émotionnelle dans des situations d'influence

L'intelligence émotionnelle est un aspect essentiel de l'art de l'empathie et joue un rôle crucial pour influencer les autres. Cela implique la capacité de reconnaître, de comprendre et de gérer nos propres émotions et celles des autres. Lorsqu'il s'agit d'influencer des situations, avoir un niveau élevé d'intelligence émotionnelle peut grandement améliorer notre capacité à nous connecter avec les autres, à établir des relations et à les influencer positivement. Voici quelques conseils approfondis et détaillés pour naviguer dans l'intelligence émotionnelle dans les situations d'influence :

Connaissance de soi: La conscience de soi est le fondement de l'intelligence émotionnelle. Cela implique d'être en phase avec nos propres émotions, pensées et comportements, et de comprendre leur impact sur nos interactions avec les autres. En étant conscients de nous-mêmes, nous pouvons mieux gérer nos émotions et nos réactions face à des situations d'influence. Prenez le temps de réfléchir à vos propres émotions, déclencheurs et préjugés, et soyez conscient de la façon dont ils peuvent affecter votre capacité à faire preuve d'empathie et à influencer les autres.

Empathie: L'empathie est la capacité de comprendre et de partager les sentiments des autres. Cela implique de se mettre à la place des autres, de voir les choses de leur point de vue et de se soucier véritablement de leurs émotions et de leurs expériences. Cultivez l'empathie en écoutant activement, en validant les émotions et en montrant une véritable préoccupation pour les autres. En comprenant les émotions des autres, vous pouvez mieux adapter vos stratégies de communication et d'influence pour qu'elles résonnent avec eux.

Régulation émotionnelle : La régulation émotionnelle est la capacité à gérer nos propres émotions de manière saine et constructive. Cela implique de reconnaître nos émotions sans se laisser submerger par elles et d'y répondre de manière réfléchie et intentionnelle. Lorsque vous faites face à des situations d'influence difficiles, entraînez-vous à réguler vos émotions en prenant de profondes respirations, en faisant une pause avant de répondre et en recadrant les émotions négatives en actions positives.

Conscience sociale: La conscience sociale est la capacité de percevoir et de comprendre les émotions et les besoins des autres dans un contexte social. Cela implique d'être à l'écoute des signaux non verbaux, de capter des signaux émotionnels subtils et de comprendre la dynamique de la situation. Pratiquez la conscience sociale en observant le langage corporel, le ton de la voix et les expressions faciales des autres, et en étant conscient du climat émotionnel de la situation d'influence.

La flexibilité: La flexibilité est la capacité d'adapter et d'ajuster notre approche en fonction des signaux émotionnels et des besoins des autres. Cela implique d'être ouvert à différentes perspectives, d'être prêt à faire des compromis et de trouver un terrain d'entente. Évitez la rigidité et la pensée dogmatique et soyez prêt à ajuster vos stratégies d'influence en fonction de l'intelligence émotionnelle des autres. Cela peut aider à établir la confiance et les relations et à augmenter vos chances de réussir à influencer les situations.

Authenticité: L'authenticité, c'est être authentique, sincère et fidèle à soi-même dans ses interactions avec les autres. Cela implique d'être honnête à propos de vos émotions, d'exprimer sincèrement votre empathie et d'éviter les comportements manipulateurs ou peu sincères. L'authenticité renforce la confiance et la crédibilité et permet aux autres de se connecter avec vous à un niveau plus profond. Pratiquez l'authenticité en étant fidèle à vos valeurs, en exprimant honnêtement vos émotions et en faisant preuve d'une véritable attention et d'une réelle préoccupation envers les autres.

Communication empathique : La communication empathique, comme évoqué précédemment, est un élément clé de l'intelligence émotionnelle. Cela implique d'écouter activement, de valider les émotions, d'utiliser un langage sans jugement et de répondre avec empathie. Une communication empathique efficace peut vous aider à vous connecter avec les autres, à comprendre leurs besoins et leurs préoccupations et à les influencer de manière positive.

Résolution de problème: La résolution de problèmes est une compétence cruciale pour influencer les situations. Cela implique de trouver des solutions constructives qui répondent aux besoins et aux préoccupations des deux parties. Entraînez-vous à résoudre des problèmes en recherchant activement un terrain d'entente, en explorant différentes options et en trouvant des solutions gagnant-gagnant qui profitent à toutes les parties impliquées. Évitez de vous concentrer uniquement sur votre propre agenda et efforcez-vous plutôt d'obtenir des résultats mutuellement bénéfiques qui prennent en compte les émotions et les besoins des autres.

Résilience: Résiliences la capacité de rebondir après les revers, les défis et les échecs. Dans des situations d'influence, vous pouvez faire face à de la résistance, des refus ou même du rejet. Développer la résilience peut vous aider à surmonter ces défis sans perdre votre sang-froid ni abandonner. Pratiquez la résilience en maintenant un état d'esprit positif, en recadrant les défis comme des opportunités de croissance et en apprenant des échecs. La résilience vous aidera à rester concentré, persévérant et motivé dans vos efforts pour influencer les autres.

Limites émotionnelles : Les limites émotionnelles sont importantes pour influencer les situations afin de garantir que vous ne deveniez pas trop émotif ou submergé par les émotions des autres. Fixez des limites émotionnelles claires en reconnaissant vos propres émotions et en ne les laissant pas obscurcir votre jugement ou interférer avec votre capacité à faire preuve d'empathie et à communiquer efficacement. Il est également important de respecter les limites émotionnelles des autres et de ne pas les pousser au-delà de leur niveau de confort. Créer des limites émotionnelles saines vous aidera à maintenir votre équilibre émotionnel et à gérer les situations d'influence avec grâce et professionnalisme.

Sensibilité culturelle: La sensibilité culturelle est cruciale pour influencer les situations, en particulier dans un environnement diversifié et multiculturel. Cela implique d'être conscient et de respecter les normes culturelles, les valeurs et les croyances des autres, et d'adapter vos stratégies de communication et d'influence en conséquence. Évitez de faire des hypothèses ou des généralisations basées sur votre propre perspective culturelle et efforcez-vous plutôt de comprendre et d'apprécier les antécédents culturels uniques des autres. La sensibilité culturelle vous aidera à établir la confiance, les relations et la crédibilité avec des personnes issues de milieux culturels différents, et à améliorer votre capacité à les influencer positivement.

Écoute réflexive : L'écoute réflexive est une technique de communication puissante qui implique d'écouter activement les autres et de réfléchir à ce qu'ils disent pour démontrer leur compréhension. Cela montre que vous êtes véritablement intéressé par leur point de vue et leurs émotions et valide leurs sentiments. Pratiquez l'écoute réfléchie en maintenant un contact visuel, en évitant les interruptions et en résumant ou en paraphrasant ce que dit la personne pour vous assurer que vous l'avez bien compris. L'écoute réfléchie améliore non seulement votre empathie, mais encourage également une communication ouverte et la confiance.

La communication non verbale: La communication non verbale joue un rôle important pour influencer les situations. Notre langage corporel, nos expressions faciales, nos gestes et le ton de notre voix peuvent transmettre des émotions et influencer les autres encore plus que nos mots. Soyez conscient de vos signaux non verbaux et de la manière dont ils peuvent avoir un impact sur les autres. Maintenez un langage corporel ouvert et invitant, établissez un contact visuel et utilisez un ton de voix calme et posé. Faites également attention aux signaux non verbaux des autres, car ils peuvent fournir des informations précieuses sur leurs émotions et leurs réactions.

Soutien affectif: Fournir un soutien émotionnel aux autres est un aspect essentiel de l'empathie et peut grandement influencer leur réceptivité à votre message. Faites preuve d'empathie en offrant un soutien émotionnel, en validant leurs émotions et en exprimant votre compréhension et votre attention. Cela peut aider à créer un lien émotionnel positif et à renforcer la confiance, les rendant plus susceptibles d'être réceptifs à vos efforts d'influence.

Pratiquez la pleine conscience : La pleine conscience est la pratique consistant à être pleinement présent dans l'instant présent, sans jugement ni distraction. Cela implique d'être conscient de vos pensées, émotions et sensations dans le moment présent. Pratiquer la pleine conscience peut vous aider à rester calme, concentré et attentif face aux situations d'influence, vous permettant ainsi d'être plus empathique et plus efficace dans votre communication. Prenez le temps de pratiquer la pleine conscience par la méditation, la respiration profonde ou simplement en étant pleinement présent dans vos interactions avec les autres.

ET L'intelligence émotionnelle est une composante cruciale de l'art de l'empathie et joue un rôle important dans la navigation dans les situations d'influence. En développant la conscience de soi, l'empathie, la régulation émotionnelle, la conscience sociale, la flexibilité, l'authenticité, la communication empathique, les compétences en résolution de problèmes, la résilience, les limites émotionnelles, la sensibilité culturelle, l'écoute réflexive, la communication non verbale, en fournissant un soutien émotionnel et en pratiquant la pleine conscience, vous pouvez améliorer votre capacité à vous connecter avec les autres, à établir des relations et à les influencer positivement. N'oubliez pas que l'empathie est une compétence qui peut être développée et affinée avec la pratique, et c'est un outil essentiel

Tirer parti de l'empathie pour établir des liens et de l'influence Résultats

L'empathie est un outil puissant qui vous permet de vous connecter avec les autres à un niveau plus profond, de comprendre leurs émotions et leurs points de vue et d'influencer positivement les résultats. Dans ce chapitre, nous explorerons comment l'empathie peut être exploitée pour établir des liens significatifs et influencer les résultats dans diverses situations.

Établir des relations : Le rapport est la base de toute interaction réussie, qu'il s'agisse d'une relation professionnelle, d'une négociation ou d'une conversation personnelle. L'empathie joue un rôle essentiel dans l'établissement de relations car elle vous permet d'établir une véritable connexion avec les autres. En faisant preuve d'empathie et de compréhension envers leurs émotions, leurs pensées et leurs expériences, vous pouvez créer un sentiment de confiance et de relation qui ouvre la voie à une communication et une influence efficace.

Comprendre le point de vue des autres : L'empathie vous permet de voir le monde du point de vue des autres, de comprendre leurs émotions et de reconnaître leurs besoins et leurs motivations. Cette compréhension est essentielle pour influencer les autres, car elle vous permet d'adapter vos messages, arguments et approches pour qu'ils correspondent à leur point de vue. En reconnaissant et en validant leurs émotions et leurs préoccupations, vous pouvez construire un pont de compréhension et établir un terrain d'entente, ce qui peut influencer considérablement leur réceptivité à vos idées ou propositions.

Écoute active: L'écoute active est un aspect crucial de l'empathie qui implique de se concentrer pleinement sur l'orateur, sans l'interrompre ni le juger, et de montrer un véritable intérêt pour ses paroles et ses émotions. Lorsque vous écoutez activement, non seulement vous comprenez mieux le point de vue de l'orateur, mais vous lui signalez également que ses pensées et ses sentiments sont importants pour vous. Cela crée un lien émotionnel positif et vous aide à établir des relations et une confiance, ce qui peut avoir une puissante influence dans n'importe quelle situation.

Intelligence émotionnelle: L'empathie est un élément clé de l'intelligence émotionnelle, qui fait référence à la capacité de reconnaître, de comprendre et de gérer ses propres émotions et celles des autres. En développant l'intelligence émotionnelle, vous pouvez naviguer dans des situations émotionnelles avec habileté et finesse, et utiliser votre compréhension des émotions pour influencer positivement les résultats. Par exemple, vous pouvez identifier et résoudre les obstacles ou préoccupations émotionnelles qui pourraient empêcher quelqu'un de s'ouvrir à votre influence.

Personnalisation des styles de communication : L'empathie vous permet d'adapter votre style de communication aux besoins et aux préférences des autres. Différentes personnes ont des styles de communication différents, et ce qui peut fonctionner pour une personne peut ne pas fonctionner pour une autre. En faisant preuve d'empathie envers les autres, vous pouvez évaluer leur style de communication et ajuster votre approche en conséquence. Par exemple, certaines personnes peuvent préférer une communication directe et affirmée, tandis que d'autres réagiront mieux à une approche plus douce et plus solidaire. En personnalisant votre style de communication pour vous aligner sur celui des autres, vous pouvez établir des relations et influencer efficacement les résultats.

Gestion des conflits : Les conflits font naturellement partie des interactions humaines et l'empathie peut être un outil puissant pour gérer les conflits de manière positive. En faisant preuve d'empathie avec les émotions et les points de vue de toutes les parties impliquées, vous pouvez mieux comprendre leurs préoccupations et motivations sous-jacentes et trouver un terrain d'entente pour une résolution. L'empathie vous permet de désamorcer les conflits, de dissiper les tensions et de promouvoir une communication ouverte, ce qui peut conduire à des solutions mutuellement bénéfiques et influencer positivement les résultats.

Authenticité et confiance : L'authenticité est un élément essentiel de l'empathie qui implique d'être authentique, honnête et transparent dans vos interactions avec les autres. Lorsque vous êtes authentique, les autres sont plus susceptibles de vous faire confiance et d'être ouverts à votre influence. L'authenticité crée un sentiment de crédibilité et de fiabilité, qui peut grandement améliorer votre capacité à influencer positivement les résultats. Évitez d'être manipulateur ou peu sincère, car cela peut rapidement éroder la confiance et miner votre capacité à influencer les autres.

Résolution de problèmes empathique : L'empathie peut être mise à profit dans des situations de résolution de problèmes pour créer des solutions efficaces qui répondent aux besoins et aux préoccupations de toutes les parties impliquées. En se mettant à la place des autres et en comprenant réellement leur point de vue, vous pouvez identifier les causes profondes du problème et travailler à la recherche de solutions mutuellement avantageuses. La résolution empathique de problèmes implique d'écouter activement toutes les parties, de reconnaître leurs émotions et leurs préoccupations et de réfléchir ensemble à des solutions potentielles. En intégrant l'empathie dans le processus de résolution de problèmes, vous pouvez instaurer la confiance, favoriser la collaboration et influencer des résultats justes et satisfaisants pour toutes les personnes impliquées.

Communication convaincante : L'empathie peut grandement améliorer vos compétences en communication persuasive. En comprenant les émotions, les motivations et les perspectives des autres, vous pouvez adapter vos messages et vos arguments de manière à ce qu'ils trouvent un écho avec eux. Lorsque vous reconnaissez et validez leurs émotions et leurs préoccupations, ils sont plus susceptibles d'être réceptifs à vos idées et propositions. L'empathie vous permet de formuler vos messages d'une manière qui répond à leurs besoins et désirs et influence efficacement leur processus de prise de décision.

Construire des relations à long terme : L'empathie n'est pas seulement une question d'influence à court terme, mais aussi l'établissement de relations à long terme. En faisant constamment preuve d'empathie dans vos interactions, vous pouvez favoriser la confiance, créer des liens significatifs et bâtir des relations solides basées sur la compréhension et le respect mutuels. Les relations à long terme sont inestimables pour influencer les résultats au fil du temps, car elles créent une base de confiance et de crédibilité qui peut avoir un impact considérable sur la volonté des autres de se laisser influencer par vous.

Surmonter les obstacles à l'empathie : Bien que l'empathie soit un outil puissant, il peut exister des obstacles qui entravent votre capacité à faire preuve d'empathie dans certaines situations. Ces obstacles peuvent inclure des préjugés personnels, des déclencheurs émotionnels ou des distractions. Il est important d'être conscient de ces obstacles et de travailler à les surmonter pour tirer pleinement parti du pouvoir de l'empathie. Pratiquez la conscience de soi, la pleine conscience et l'écoute active pour surmonter ces obstacles et être pleinement présent dans vos interactions avec les autres.

Considérations éthiques: Il est important de noter que l'empathie doit toujours être pratiquée de manière éthique et avec des intentions sincères.

Cela ne doit pas être utilisé comme une tactique de manipulation pour tromper ou exploiter les autres. Il est essentiel de respecter les émotions, les perspectives et les limites des autres, et de ne pas utiliser l'empathie pour les manipuler ou les contraindre à se conformer à vos désirs. L'empathie éthique implique d'être authentique, respectueux et compatissant dans vos interactions, et de prendre en compte le bien-être de toutes les parties impliquées.

Étala mpathie est un outil puissant qui peut être exploité pour établir des liens, comprendre les autres et influencer positivement les résultats. En pratiquant l'empathie dans votre communication et vos interactions, vous pouvez établir des relations, acquérir une compréhension, gérer les conflits et favoriser la confiance. Il vous permet d'adapter votre style de communication, de résoudre efficacement les problèmes et d'établir des relations à long terme. Cependant, il est important de pratiquer l'empathie de manière éthique et authentique, et d'être conscient de tous les obstacles qui peuvent entraver votre capacité à vous connecter pleinement avec les autres. L'intégration de l'empathie dans vos compétences en communication et en influence peut grandement améliorer votre capacité à influencer positivement

les résultats et à réussir dans divers domaines de la
vie.

Chapitre 5 : L'art du cadrage

Comprendre le pouvoir du cadrage dans la persuasion

Le cadrage est un outil puissant de persuasion qui implique la présentation stratégique d'informations ou de messages d'une manière qui influence la façon dont les autres perçoivent et interprètent l'information. La façon dont l'information est présentée peut avoir un impact considérable sur les attitudes, les croyances et les comportements des gens, façonnant leurs perceptions et influençant leur processus de prise de décision. Dans ce chapitre, nous explorerons le concept de cadrage en profondeur et en détail, et comprendrons comment il peut être utilisé efficacement comme art de persuasion.

Définition du cadrage : Le cadrage fait référence à la présentation stratégique de l'information d'une manière qui influence la façon dont elle est interprétée ou perçue par les autres. Cela implique l'utilisation du langage, du contexte et d'autres techniques de communication pour présenter les informations d'une manière particulière qui correspond aux buts et objectifs du persuasif. Le cadrage peut influencer la façon dont les gens perçoivent l'importance, la pertinence et les implications de l'information, façonnant ainsi leurs attitudes, leurs croyances et leurs comportements.

Importance du cadrage dans la persuasion : Le cadrage est un élément essentiel de la persuasion car il permet au persuadeur de façonner la perception de l'information et d'influencer le processus de prise de décision des autres. La manière dont l'information est présentée peut avoir un impact sur les émotions, le traitement cognitif et les actions ultérieures des personnes. Différents cadres peuvent susciter différentes réponses, et les personnes compétentes en persuasion comprennent l'importance du cadre pour atteindre leurs objectifs de persuasion.

Types de cadres : Il existe différents types de cadres qui peuvent être utilisés pour persuader, notamment :

- Cadrage positif : cela implique de présenter des informations ou des messages sous un jour positif, en mettant en évidence les bénéfices, les avantages ou les gains associés à une décision ou une action particulière. Un cadrage positif peut susciter des émotions positives, faire appel aux aspirations des gens et les motiver à prendre les mesures souhaitées.

- Cadrage négatif : cela implique de présenter des informations ou des messages sous un jour négatif, en mettant en évidence les risques, les coûts ou les pertes associés à une décision ou une action particulière. Un cadrage négatif peut susciter des émotions négatives, créer un sentiment d'urgence et motiver les gens à éviter ou à atténuer les risques potentiels.

- Encadré par les gains ou par les pertes : ce type de cadrage se concentre soit sur les gains, soit sur les pertes associées à une décision ou une action particulière. Les messages axés sur les gains mettent l'accent sur les avantages ou les résultats positifs, tandis que les messages axés sur les pertes mettent l'accent sur les coûts ou les résultats négatifs. L'efficacité des messages axés sur les gains ou sur les pertes dépend du contexte et de l'état d'esprit du public, et les persuadeurs compétents utilisent ces cadres de manière stratégique en fonction de la situation.

- Cadrage émotionnel : cela implique de faire appel aux émotions des gens en formulant les informations d'une manière qui exploite leurs besoins émotionnels, leurs désirs ou leurs peurs. Le cadrage émotionnel peut être puissant pour influencer la prise de décision, car les émotions jouent un rôle important dans le façonnement du comportement humain.

Techniques d'encadrement : Les persuaseurs qualifiés utilisent diverses techniques de cadrage pour cadrer stratégiquement les informations de manière convaincante. Certaines techniques de cadrage courantes incluent :

- Choix des mots : les mots utilisés pour formuler l'information peuvent avoir un impact significatif sur la façon dont elle est perçue. Les mots positifs ou négatifs, les mots forts ou faibles et les mots chargés d'émotion peuvent tous influencer la façon dont les gens interprètent et réagissent aux informations.

- Contexte : Le contexte dans lequel l'information est présentée peut également avoir un impact sur son cadrage. Une même information peut être formulée différemment selon le contexte dans lequel elle est présentée. Par exemple, présenter une statistique dans le contexte d'un résultat positif peut créer une perception différente de la présentation de la même statistique dans le contexte d'un résultat négatif.

- Cadrage comparatif : comparer les informations à d'autres alternatives ou points de référence peut également être une technique de cadrage efficace. Par exemple, comparer un produit à une alternative plus chère peut donner l'impression qu'il s'agit d'une bonne affaire, tandis que le comparer à une alternative moins chère peut le rendre moins attrayant.

- Narration : raconter des histoires ou des anecdotes qui illustrent le cadre souhaité peut être une technique de cadrage puissante. Les histoires exploitent les émotions des gens, rendent les informations plus pertinentes et mémorables, et peut transmettre efficacement le cadre souhaité d'une manière convaincante et engageante.

Considérations éthiques dans le cadrage : Il est important de noter que le cadrage peut être une arme à double tranchant, car il peut être utilisé de manière contraire à l'éthique pour manipuler ou tromper les autres. Les personnes compétentes en matière de persuasion comprennent les considérations éthiques liées au cadrage et s'efforcent de les utiliser de manière honnête et transparente. Il est important d'éviter les formulations trompeuses ou trompeuses qui déforment les informations ou exploitent les vulnérabilités des personnes. Le cadrage éthique implique de présenter l'information de manière juste et équilibrée, de respecter l'autonomie et la prise de décision des autres et de considérer les conséquences potentielles du cadrage sur l'individu et le contexte plus large.

Application du cadrage de l'influence : Le cadrage peut être appliqué dans divers contextes où la persuasion est souhaitée, comme dans le marketing et la publicité, les négociations, la communication interpersonnelle, le leadership et le plaidoyer. Les persuaseurs qualifiés comprennent le contexte et le public et utilisent stratégiquement des techniques de cadrage pour s'aligner sur leurs buts et objectifs, influencer les perceptions des autres et façonner leur processus de prise de décision.

Développer les compétences de cadrage : Comme d'autres compétences, maîtriser l'art du cadrage nécessite de la pratique, une conscience de soi et un apprentissage continu. Développer des compétences de cadrage efficaces implique de comprendre les principes du cadrage, d'être attentif au langage et au contexte, de perfectionner les capacités de narration et de considérer les implications éthiques du cadrage. Cela implique également d'être attentif aux retours et d'adapter les techniques de cadrage en fonction des réponses du public.

Le cadrage est un outil puissant de persuasion qui implique la présentation stratégique de l'information de manière à influencer la façon dont elle est perçue ou interprétée par les autres. Comprendre les principes de l'encadrement, utiliser différents types de cadres, appliquer des techniques d'encadrement et prendre en compte les considérations éthiques sont essentiels pour maîtriser l'art de l'encadrement. Les personnes compétentes en matière de persuasion exploitent le pouvoir du cadrage pour s'aligner sur leurs objectifs, influencer les perceptions des autres et façonner leur processus décisionnel de manière stratégique et éthique.

Créer des récits et des histoires captivantes

Les récits et les histoires sont de puissants outils de persuasion car ils peuvent captiver le public, susciter des émotions et façonner les perceptions. Dans ce chapitre, nous explorerons l'art de créer des récits et des histoires convaincants en tant qu'aspect clé du cadrage de la persuasion.

Comprendre le pouvoir des récits et des histoires : Les récits et les histoires sont fondamentaux dans la communication humaine et ont été utilisés tout au long de l'histoire pour transmettre des idées, des valeurs et des croyances. Ils ont le pouvoir de mobiliser les émotions et l'imagination des autres, les rendant plus mémorables et plus percutants que les seuls faits ou statistiques. Les persuaseurs compétents reconnaissent le pouvoir des récits et des histoires comme moyen d'influencer les autres et les utilisent stratégiquement dans leurs efforts de persuasion.

Éléments de récits et d'histoires convaincants : L'élaboration de récits et d'histoires captivants implique plusieurs éléments clés, notamment une intrigue bien définie, des personnages auxquels on peut s'identifier, des images vives, un attrait émotionnel et un message ou une morale claire. Un récit ou une histoire convaincante doit avoir une structure claire, comme un début, un milieu et une fin, et doit être adapté aux intérêts et aux besoins du public. Les persuaseurs qualifiés élaborent soigneusement leurs récits et leurs histoires pour les aligner sur leurs buts et objectifs et pour résonner avec les valeurs et les croyances de leur public.

Aligner les récits et les histoires avec les objectifs de définition : Les récits et les histoires peuvent être utilisés pour créer différents types de cadres, tels que des cadres de gain, des cadres de perte, des cadres émotionnels, des cadres moraux et des cadres identitaires, en fonction des objectifs de persuasion souhaités. Les persuaseurs qualifiés choisissent soigneusement le type de récits ou d'histoires qui correspondent à leurs objectifs de cadrage et les utilisent stratégiquement pour influencer les perceptions et le processus décisionnel des autres.

Techniques pour créer des récits et des histoires captivantes : Il existe plusieurs techniques qui peuvent être utilisées pour créer des récits et des histoires convaincants à des fins de persuasion. Il s'agit notamment de développer un message ou une morale clair et convaincant, d'utiliser un langage descriptif et sensoriel pour créer des images vives, d'incorporer un attrait émotionnel à travers des personnages auxquels on peut s'identifier et des anecdotes personnelles, d'utiliser des métaphores ou des analogies pour simplifier des concepts complexes et d'utiliser des structures de narration telles que le voyage du héros ou structure en trois actes pour créer un récit cohérent et engageant.

Adapter les récits et les histoires au public : Les persuaseurs compétents comprennent l'importance d'adapter les récits et les histoires au public spécifique qu'ils tentent d'influencer. Cela implique de prendre en compte les intérêts, les croyances, les valeurs, les émotions et le contexte culturel du public, et d'adapter le récit ou l'histoire en conséquence. Adapter les récits et les histoires au public augmente leur pertinence et leur résonance, les rendant plus convaincants et plus percutants.

Considérations éthiques dans le récit et la narration : Il est important de noter que les récits et les histoires peuvent être utilisés de manière contraire à l'éthique pour manipuler ou tromper les autres. Les personnes compétentes en matière de persuasion sont conscientes des considérations éthiques liées au récit et à la narration et s'efforcent de les utiliser de manière honnête et transparente. La narration éthique implique de présenter des informations de manière véridique, de respecter l'autonomie et la prise de décision des autres et de considérer les conséquences potentielles des récits ou des histoires sur l'individu et le contexte plus large.

Développer les compétences narratives et narratives : Créer des récits et des histoires captivantes est une compétence qui peut être développée et perfectionnée au fil du temps. Cela nécessite de la pratique, de la créativité et une compréhension approfondie du public et des objectifs de persuasion. Les persuaseurs qualifiés affinent continuellement leurs compétences narratives et narratives, recherchent des commentaires et adaptent leurs approches en fonction des réponses de leur public.

Rédiger des récits et des histoires convaincants est un aspect puissant du cadrage de la persuasion. Les persuaseurs qualifiés comprennent le pouvoir des récits et des histoires, utilisent des éléments clés pour créer des récits engageants et percutants, les alignent sur leurs objectifs de cadrage, les adaptent au public et prennent en compte les implications éthiques. Développer des compétences narratives et narratives efficaces peut améliorer les efforts de persuasion et augmenter la probabilité d'influencer les autres de manière manière significative. En comprenant et en utilisant l'art du cadrage à travers des récits et des histoires convaincants, les persuadeurs peuvent façonner leurs perceptions, susciter des émotions et se connecter avec leur public à un niveau plus profond, influençant finalement leur processus de prise de décision.

Voici quelques conseils clés pour élaborer des récits et des histoires convaincants destinés à convaincre :

Connaissez votre public : Comprendre les intérêts, les valeurs, les croyances et les émotions de votre public est crucial pour élaborer des récits et des histoires qui lui correspondent. Tenez compte de leur point de vue et adaptez vos récits et histoires en conséquence pour accroître leur pertinence et leur impact.

Développez un message clair ou une morale : Votre récit ou votre histoire doit contenir un message ou une morale claire et convaincante qui correspond à vos objectifs de cadrage. Pensez aux principaux points à retenir que vous souhaitez que votre public retienne et élaborez votre récit ou votre histoire pour transmettre ce message efficacement.

Utiliser un langage descriptif et sensoriel : Créer des images vives grâce à un langage descriptif et sensoriel peut rendre vos récits et vos histoires plus engageants et mémorables. Peignez une image avec vos mots pour évoquer des émotions et plonger votre public dans l'histoire.

Incorporer un attrait émotionnel : L'attrait émotionnel est un outil puissant de persuasion. Utilisez des personnages auxquels vous pouvez vous identifier, des anecdotes personnelles et des indices émotionnels pour susciter des émotions chez votre public, car les émotions peuvent influencer la prise de décision.

Utilisez des métaphores ou des analogies :
Les métaphores ou les analogies peuvent simplifier des concepts complexes et rendre vos récits ou histoires plus accessibles et compréhensibles pour votre public. Utilisez-les de manière stratégique pour améliorer votre message persuasif.

Suivez les structures de narration : Utilisez des structures de narration, telles que le voyage du héros ou la structure en trois actes, pour créer un récit cohérent et engageant. Ces structures fournissent un cadre qui peut vous aider à organiser votre récit et à le rendre plus convaincant.

Soyez authentique et transparent : La narration éthique implique d'être authentique et transparent dans vos récits et vos histoires. Évitez de manipuler ou de tromper votre public et efforcez-vous de présenter les informations de manière véridique et respectueuse.

Entraînez-vous et demandez des commentaires : Créer des récits et des histoires captivants est une compétence qui nécessite de la pratique. Expérimentez différentes approches, recherchez des commentaires auprès de sources fiables et affinez continuellement vos compétences en matière de narration pour améliorer vos efforts de persuasion.

En maîtrisant l'art de créer des récits et des histoires captivants, vous pouvez tirer parti du pouvoir de persuasion pour vous connecter avec votre public, façonner ses perceptions et, en fin de compte, influencer ses décisions. Un récit ou une histoire bien conçue a le potentiel de captiver l'attention de votre public, d'évoquer des émotions et de rendre votre message persuasif plus mémorable et plus percutant.

Utiliser le langage et le cadrage pour façonner les perceptions

Le langage et le cadrage sont de puissants outils de persuasion qui peuvent avoir un impact significatif sur la façon dont les informations sont perçues et interprétées par les autres. Les mots et expressions utilisés, ainsi que la manière dont les informations sont présentées, peuvent façonner les perceptions, influencer les attitudes et guider la prise de décision. Dans ce chapitre, nous explorerons en profondeur et détaillerons comment le langage et le cadrage peuvent être utilisés efficacement pour façonner les perceptions dans l'art de la persuasion.

Choix de mots et d'expressions : Le choix des mots et des expressions utilisés dans la communication peut grandement influencer la façon dont l'information est perçue. Différents mots peuvent évoquer différentes émotions et associations, conduisant à diverses interprétations de la même information. Par exemple, l'utilisation de mots positifs et édifiants peut créer une perception favorable, tandis que l'utilisation de mots négatifs ou chargés peut déclencher des émotions négatives et une perception biaisée. Sélectionner soigneusement des mots et des expressions qui correspondent à la perception souhaitée peut avoir un impact significatif sur le caractère persuasif du message.

Langage émotionnel : Les émotions jouent un rôle important dans la formation des perceptions et de la prise de décision. L'utilisation d'un langage émotionnel peut susciter des réponses émotionnelles spécifiques chez le public, qui peuvent influencer ses perceptions et ses attitudes. Par exemple, l'utilisation de mots qui évoquent la peur, l'excitation, la joie ou l'empathie peut créer une résonance et une connexion émotionnelles, influençant la manière dont l'information est interprétée et traitée. Comprendre les déclencheurs émotionnels du public et utiliser un langage qui fait appel à ses émotions peut être un outil puissant pour façonner les perceptions.

Cadrage positif ou négatif : Le cadrage peut impliquer de présenter des informations sous un jour positif ou négatif, ce qui peut façonner les perceptions de différentes manières. Le cadrage positif se concentre sur les bénéfices, les opportunités et les gains, tandis que le cadrage négatif met l'accent sur les risques, les coûts et les pertes. Le cadrage de l'information peut influencer la façon dont le public perçoit le message et sa réceptivité. Par exemple, mettre en évidence les résultats positifs d'une idée ou d'une action proposée peut créer une perception favorable, tandis que souligner les conséquences négatives de l'inaction peut créer un sentiment d'urgence et de motivation.

Cadrage comparatif : Le cadrage peut également impliquer de faire des comparaisons pour façonner les perceptions. Des comparaisons peuvent être faites avec des événements passés, d'autres personnes ou groupes, ou différentes options. Le cadrage comparatif peut influencer la façon dont le public perçoit l'information en fournissant un point de référence ou un contexte. Par exemple, comparer la situation actuelle avec un résultat positif antérieur peut créer une perception positive de l'idée proposée. De même, comparer les avantages d'une option avec une autre peut influencer la prise de décision en mettant en évidence les avantages de l'option privilégiée.

Cadrage contextuel : Le contexte dans lequel l'information est présentée peut avoir un impact considérable sur la façon dont elle est perçue. Le fait de placer l'information dans un contexte particulier peut façonner les perceptions et les attitudes. Par exemple, présenter des informations dans le contexte d'un objectif ou d'une vision plus large peut créer une perception positive de l'information, tandis que la présenter de manière isolée peut conduire à une perception négative. Comprendre le contexte dans lequel l'information est présentée et la formuler en conséquence peut avoir un impact sur la façon dont elle est interprétée et réagie par le public.

Valeurs et croyances: Présenter l'information d'une manière qui correspond aux valeurs et aux croyances du public peut être très convaincant. Les gens ont tendance à réagir plus positivement aux informations qui correspondent à leurs valeurs et croyances fondamentales. Présenter l'information d'une manière qui fait appel aux valeurs et aux croyances du public peut créer un sentiment d'alignement et de connexion, influençant ses perceptions et ses attitudes. Par exemple, formuler un argument dans le contexte de la durabilité environnementale peut s'avérer très efficace auprès d'un public qui valorise les pratiques respectueuses de l'environnement.

Cadrage pour la segmentation du public : Comprendre les caractéristiques, les préférences et les points de vue uniques du public peut aider à élaborer des messages convaincants. Le cadrage peut être adapté à des segments d'audience spécifiques en tenant compte de leurs besoins, motivations et intérêts individuels. Par exemple, présenter l'information différemment selon les groupes d'âge, les milieux culturels ou les rôles professionnels peut aider à trouver un écho auprès de leurs clients. Perspectives uniques et façonner leurs perceptions. Prendre en compte les caractéristiques du public et adapter le cadrage en conséquence peut améliorer l'efficacité du message persuasif.

Cohérence et répétition : La cohérence et la répétition du langage et du cadrage peuvent également avoir un impact sur les perceptions. L'utilisation cohérente du langage et du cadrage tout au long de la communication persuasive peut créer un sentiment de cohérence et renforcer la perception souhaitée. La répétition de messages, de phrases ou de cadrages clés peut également augmenter leur mémorisation et leur influence. Cependant, il est important d'utiliser la répétition judicieusement pour éviter de paraître répétitive ou monotone.

Considérations éthiques: Lorsque l'on utilise le langage et le cadrage pour façonner les perceptions, il est essentiel de prendre en compte les implications éthiques. Un cadrage manipulateur ou trompeur peut éroder la confiance et la crédibilité, conduisant à des résultats négatifs à long terme. Il est important de garantir que le langage et le cadre utilisés pour persuader sont honnêtes, transparents et alignés sur les faits. Les considérations éthiques doivent être au premier plan lors de l'élaboration de messages persuasifs visant à instaurer la confiance et à maintenir l'intégrité.

Le langage et le cadrage sont des outils puissants pour façonner les perceptions et influencer les résultats dans l'art de la persuasion. Le choix des mots et des expressions, le langage émotionnel, le cadrage positif ou négatif, le cadrage comparatif, le cadrage contextuel, l'alignement des valeurs et des croyances, la segmentation du public, la cohérence et la répétition, ainsi que les considérations éthiques jouent tous un rôle important dans la façon dont l'information est perçue et interprétée par autres. Une utilisation prudente et stratégique du langage et du cadrage peut grandement améliorer l'efficacité de la communication persuasive et faciliter l'obtention des résultats souhaités. Être conscient des nuances du langage et du cadrage et les adapter aux caractéristiques et aux préférences du public peut élever considérablement l'art de la persuasion.

Surmonter la résistance grâce à un cadrage stratégique

Dans l'art de la persuasion, la résistance du public peut souvent constituer un défi. Pour surmonter cette résistance, il faut utiliser habilement des techniques de cadrage pour façonner les perceptions et surmonter les objections. Le cadrage stratégique est un outil puissant qui peut être utilisé pour aborder et surmonter la résistance, et il implique l'utilisation du langage et du cadrage de manière délibérée et calculée pour influencer la façon dont les autres perçoivent et interprètent l'information. Dans ce chapitre, nous explorerons comment le cadrage stratégique peut être utilisé pour surmonter efficacement la résistance dans le processus de persuasion.

Comprendre la résistance dans la persuasion

La résistance à la persuasion fait référence aux obstacles ou aux objections que les individus peuvent avoir à accepter une idée, un message ou une proposition particulière. Ces obstacles peuvent survenir en raison de divers facteurs tels que des croyances, des valeurs, des préjugés, des émotions ou des expériences passées préexistantes. La résistance peut se manifester sous la forme de scepticisme, de doute, de désaccord ou de rejet pur et simple du message persuasif. Surmonter la résistance est une étape cruciale du processus de persuasion, car cela permet à l'information d'être reçue et traitée de manière plus réceptive, augmentant ainsi la probabilité d'influencer les attitudes, les opinions et les comportements du public.

Cadre stratégique pour vaincre la résistance

Le cadrage stratégique implique de façonner consciemment et délibérément la présentation de l'information de manière à répondre et à surmonter la résistance. Voici quelques techniques approfondies et détaillées pour utiliser le cadrage stratégique pour surmonter la résistance à la persuasion :

Recadrage : Le recadrage consiste à présenter l'information sous un nouveau jour ou une nouvelle perspective qui modifie la façon dont elle est perçue. Cela peut être réalisé en changeant le contexte, l'accent ou le langage utilisé pour présenter l'information. Par exemple, reformuler une objection potentielle comme une opportunité, ou mettre en évidence les bénéfices et les avantages de l'acceptation du message persuasif peut aider à changer le point de vue du public et à réduire la résistance.

Cadrage positif : Le cadrage positif implique de présenter le message persuasif de manière positive et optimiste. Cela peut être réalisé en mettant l'accent sur les résultats positifs, les avantages et les récompenses associés à l'acceptation du message, plutôt que de se concentrer sur les aspects négatifs ou les inconvénients. Un cadrage positif peut susciter des émotions positives, augmenter la motivation et réduire la résistance en créant une perception favorable du message.

Encadrement personnalisé : Le cadrage personnalisé implique d'adapter le message persuasif aux besoins, intérêts et valeurs spécifiques de l'individu ou du public. Cela peut être réalisé en utilisant un langage, des exemples ou des anecdotes pertinents et pertinents par rapport aux caractéristiques uniques du public. Un cadrage personnalisé peut renforcer le sentiment de pertinence et le lien personnel du public avec le message, réduisant ainsi la résistance.

Encadrement d'inoculation : Le cadrage de l'inoculation implique d'aborder de manière préventive les contre-arguments ou objections potentiels au message persuasif. Ceci peut être réalisé en reconnaissant et en répondant aux préoccupations, doutes ou objections potentiels dans la communication persuasive. En fournissant des contre-arguments ou des preuves pour répondre aux objections potentielles, le cadrage de l'inoculation peut renforcer la résistance du public aux points de vue opposés et réduire la probabilité qu'il se laisse influencer par des contre-arguments.

Cadrage des normes sociales : L'élaboration de normes sociales implique de mettre en évidence le comportement normatif ou l'opinion des autres pour influencer les perceptions et les comportements du public. Ceci peut être réalisé en présentant des preuves de la manière dont les autres acceptent et approuvent le message persuasif, créant ainsi une perception de consensus social. L'élaboration de normes sociales peut exploiter le pouvoir de l'influence sociale pour réduire la résistance en rendant le message persuasif plus acceptable et aligné sur les normes sociétales.

Cadrage émotionnel : Le cadrage émotionnel implique de faire appel aux émotions du public pour influencer ses perceptions et ses attitudes. Cela peut être réalisé en utilisant un langage émotionnel, des images vives ou des histoires captivantes qui évoquent des émotions telles que l'empathie, la compassion, la joie ou la peur. Le cadrage émotionnel peut créer un lien émotionnel avec le message persuasif, ce qui peut réduire la résistance et augmenter la probabilité que le message soit accepté.

Cadrage des preuves : Le cadrage des preuves implique la présentation des preuves, des données ou des faits concrets pour étayer le message persuasif. Ceci peut être réalisé en fournissant des preuves crédibles et fiables qui étayent les affirmations ou les arguments présentés dans la communication persuasive. La formulation de preuves peut améliorer la crédibilité et la fiabilité perçues du message persuasif, réduisant ainsi la résistance et augmentant la probabilité d'acceptation.

Cadrage comparatif : Le cadrage comparatif implique de faire des comparaisons pour influencer les perceptions et les attitudes du public. Ceci peut être réalisé en comparant le message persuasif à d'autres alternatives ou en le contrastant avec des options moins favorables. Un cadrage comparatif peut mettre en évidence la supériorité ou les avantages du message persuasif, le rendant plus attrayant et réduisant la résistance aux options alternatives.

Cadrage tourné vers l'avenir : Un cadrage tourné vers l'avenir implique de mettre l'accent sur les avantages ou les conséquences à long terme de l'acceptation du message persuasif. Cela peut être réalisé en mettant en évidence les résultats positifs potentiels ou les conséquences négatives qui peuvent résulter de la décision d'accepter ou de rejeter le message. Un cadrage tourné vers l'avenir peut créer un sentiment d'urgence et d'importance, réduisant ainsi la résistance en mettant l'accent sur l'impact à long terme du message persuasif.

Cadrage d'authenticité : Le cadrage de l'authenticité implique de présenter le message persuasif d'une manière authentique, sincère et digne de confiance. Cela peut être réalisé en étant transparent, honnête et authentique dans la communication. Le cadrage de l'authenticité peut renforcer la confiance, la crédibilité et les relations avec le public, réduisant ainsi la résistance et augmentant la probabilité d'acceptation.

L'intégration de ces techniques de cadrage stratégique dans la persuasion peut aider à surmonter la résistance en influençant la façon dont le public perçoit et interprète l'information. En élaborant soigneusement le langage, le contexte et la présentation du message persuasif, on peut répondre efficacement aux objections potentielles, susciter des émotions positives, améliorer la pertinence et les liens personnels, mettre en évidence les normes sociales, fournir des preuves crédibles, faire des comparaisons convaincantes, souligner les conséquences futures et construire confiance et authenticité. Ces techniques peuvent être appliquées dans diverses situations de persuasion, telles que les négociations, les ventes, le marketing, le leadership et le plaidoyer, pour surmonter la résistance et augmenter les chances d'influencer les résultats.

Le cadrage stratégique est un outil puissant dans l'art de la persuasion qui peut être utilisé pour surmonter la résistance et façonner les perceptions. En élaborant consciemment et délibérément le langage, le contexte et la présentation du message persuasif, on peut répondre aux objections potentielles, susciter des émotions, améliorer la pertinence, mettre en évidence les normes sociales, fournir des preuves, faire des comparaisons, souligner les conséquences futures et renforcer la confiance et l'authenticité. Lorsqu'il est utilisé efficacement, le cadrage stratégique peut améliorer considérablement l'impact persuasif et augmenter la probabilité d'influencer les résultats. En maîtrisant l'art du cadrage, on peut devenir un persuasif plus efficace et réussir davantage à influencer les autres.

Chapitre 6 : L'art d'influencer sans autorité

Dans de nombreuses situations, la capacité d'influencer les autres ne dépend pas uniquement de l'autorité formelle ou du pouvoir positionnel. En fait, certains des influenceurs les plus performants sont ceux qui sont capables d'exercer une influence sans autorité formelle. Ce chapitre approfondira les stratégies et techniques permettant de maîtriser l'art de l'influence sans autorité, en fournissant des informations approfondies et détaillées sur la manière d'influencer efficacement les autres dans divers contextes, même en l'absence d'autorité formelle.

Comprendre l'influence sans autorité

L'influence sans autorité fait référence à la capacité de persuader, de guider ou de façonner les pensées, les opinions et les comportements des autres sans s'appuyer sur un pouvoir formel ou une position hiérarchique. Cela implique d'utiliser des compétences, des qualités et des stratégies personnelles pour obtenir la conformité ou le soutien volontaire des autres, même s'ils n'ont pas d'autorité directe sur eux. L'influence sans autorité peut être une compétence essentielle dans de nombreux contextes, comme dans un environnement d'équipe ou organisationnel, où les individus n'occupent pas nécessairement de postes de direction formels mais ont besoin de collaborer, de communiquer et d'influencer les autres pour atteindre des objectifs communs.

Les défis de l'influence sans autorité

Influencer sans autorité peut présenter des défis uniques par rapport à influencer avec une autorité formelle. Certains des défis courants comprennent :

Manque de pouvoir formel : L'absence d'autorité formelle peut limiter les mécanismes de contrôle direct ou d'application que l'on peut exercer sur les autres, ce qui rend plus difficile la persuasion ou l'influence de ces derniers.

Résistance et scepticisme : Sans autorité formelle, les individus peuvent être plus résistants ou sceptiques quant aux tentatives visant à les influencer, car ils peuvent remettre en question la légitimité ou la crédibilité de la position de l'influenceur.

Ressources limitées: Les influenceurs sans autorité formelle peuvent avoir un accès limité aux ressources ou aux récompenses pour inciter les autres, ce qui rend difficile leur motivation ou leur persuasion.

Dynamique sociale : La dynamique sociale et les hiérarchies au sein d'un groupe ou d'une organisation peuvent influencer la légitimité ou l'efficacité perçue des efforts d'influence sans autorité formelle, car les individus peuvent être plus enclins à suivre ceux qui occupent des postes formels plus élevés.

Stratégies d'influence sans autorité

Malgré les défis, il existe diverses stratégies et techniques qui peuvent être utilisées pour influencer efficacement les autres sans autorité formelle. Ces stratégies nécessitent une combinaison de compétences interpersonnelles, de techniques de communication et d'approches stratégiques pour obtenir la conformité ou le soutien volontaire des autres. Voici quelques stratégies approfondies et détaillées pour maîtriser l'art de l'influence sans autorité :

Établissez la confiance et les relations : Établir la confiance et les relations avec les autres est essentiel pour obtenir leur conformité ou leur soutien volontaire. La confiance est basée sur la crédibilité, la fiabilité et l'intégrité, et peut être établie en démontrant systématiquement ces qualités dans les interactions avec les autres. Établir des relations implique de créer une connexion, de comprendre le point de vue des autres et de faire preuve d'empathie. La confiance et les relations peuvent aider à établir une base pour influencer les autres, même sans autorité formelle.

Développer l'expertise et les connaissances : Développer l'expertise et les connaissances dans un domaine ou un domaine particulier peut renforcer la crédibilité et l'influence. Devenir un expert dans un domaine pertinent ou acquérir des connaissances spécialisées peut donner à un individu un avantage pour influencer les autres, même sans autorité formelle. Cela implique un apprentissage continu, la mise à jour des informations pertinentes et la capacité de fournir des informations et des solutions précieuses.

Utiliser une communication efficace : Une communication efficace est cruciale pour influencer les autres sans autorité formelle. Cela implique d'écouter activement les autres, de s'exprimer de manière claire et concise et d'adapter le style de communication aux préférences des autres. L'utilisation d'un langage persuasif, d'une narration et d'arguments convaincants peut également s'avérer efficace pour influencer les autres. La communication non verbale, comme le langage corporel et le ton de la voix, joue également un rôle important pour influencer les autres.

Formez des coalitions et des alliances : Construire des coalitions et des alliances avec d'autres personnes partageant des intérêts ou des objectifs similaires peut constituer une stratégie d'influence puissante sans autorité formelle. Cela implique d'identifier les principales parties prenantes, d'établir des relations avec elles et de tirer parti de leur soutien pour influencer les autres. Collaborer avec les autres, rechercher un terrain d'entente et aligner les intérêts peut aider à obtenir du soutien et à influencer les autres, même sans Autorité formelle.

Soyez un résolveur de problèmes : Faire preuve d'une approche proactive de la résolution de problèmes et être orienté vers les solutions peut aider à établir une influence sans autorité formelle. En identifiant les défis ou les problèmes et en proposant des solutions pratiques et efficaces, un individu peut gagner la confiance et le respect des autres, même s'il manque d'autorité formelle. Cette approche fait preuve d'initiative, d'ingéniosité et d'engagement à obtenir des résultats positifs.

Utilisez la preuve sociale : La preuve sociale est un principe psychologique qui suggère que les gens sont plus susceptibles de suivre les actions ou les recommandations des autres lorsqu'ils les perçoivent comme étant populaires, crédibles ou similaires à eux-mêmes. Tirer parti de la preuve sociale peut être une stratégie puissante pour influencer les autres sans autorité formelle. Cela peut être fait en présentant des histoires de réussite, des témoignages ou des approbations provenant de sources crédibles pour étayer ses arguments ou ses propositions.

Influence par le biais des relations : Établir des relations positives avec des personnes clés peut être une stratégie précieuse pour influencer sans autorité formelle. Développer de solides compétences interpersonnelles, s'intéresser véritablement aux autres et entretenir des relations mutuellement bénéfiques peut créer un réseau de supporters prêts à écouter et à suivre son exemple, même sans autorité formelle.

Utilisez des techniques de persuasion : Il existe diverses techniques de persuasion qui peuvent être utilisées pour influencer les autres sans autorisation formelle. Certaines de ces techniques incluent le recours à la réciprocité (donner quelque chose pour recevoir quelque chose en retour), à la rareté (créer un sentiment de disponibilité limitée), à l'autorité (citer des sources ou des experts crédibles), à la cohérence (en mettant l'accent sur des engagements ou des accords passés) et à aimer (développer la sympathie et les relations avec les autres). Comprendre et appliquer ces techniques de persuasion peut améliorer la capacité d'une personne à influencer efficacement les autres.

Faire preuve de flexibilité et d'adaptabilité : La flexibilité et l'adaptabilité sont cruciales pour influencer les autres sans autorité formelle. Être prêt à écouter les autres, à considérer leurs points de vue et à adapter son approche en conséquence montre du respect, de l'ouverture d'esprit et une volonté de collaborer. Cela aide à établir la confiance et les relations et rend les autres plus réceptifs à son influence.

Mener par l'exemple: L'un des moyens les plus puissants d'influencer les autres sans autorité formelle est de montrer l'exemple. Modeler les comportements, les attitudes et les valeurs que l'on souhaite que les autres imitent peut avoir une grande influence. Lorsque d'autres voient une personne faire constamment preuve d'intégrité, de professionnalisme et d'engagement envers l'excellence, ils sont plus susceptibles d'être influencés par ses actions et de suivre son exemple.

La capacité d'influencer les autres sans autorité formelle est une compétence précieuse dans divers contextes. Cela nécessite une combinaison de compétences interpersonnelles, de communication efficace, d'approches stratégiques et d'établissement de relations de confiance et de relations avec les autres. En employant ces stratégies et techniques, on peut naviguer efficacement dans les complexités de l'influence sans autorité formelle et atteindre les résultats souhaités.

Tirer parti du pouvoir personnel et de la crédibilité

L'influence ne repose pas uniquement sur une autorité ou une position formelle. En fait, le pouvoir personnel et la crédibilité d'une personne peuvent jouer un rôle important pour influencer les autres, même en l'absence d'autorité formelle. Le pouvoir personnel fait référence aux qualités et caractéristiques inhérentes qu'un individu possède, tandis que la crédibilité fait référence au niveau de confiance et de crédibilité que d'autres attribuent à un individu. Dans ce chapitre, nous examinerons comment exploiter le pouvoir personnel et la crédibilité en tant qu'outils puissants pour influencer les autres sans autorité formelle.

Développer une expertise : L'un des moyens les plus efficaces d'exploiter son pouvoir personnel et sa crédibilité consiste à développer une expertise dans un domaine particulier. Devenir compétent, compétent et compétent dans un domaine ou un domaine spécifique peut renforcer sa crédibilité et son influence. Les gens ont tendance à faire confiance et à suivre ceux qui sont perçus comme des experts dans leurs domaines respectifs. Cela peut être réalisé grâce à un apprentissage continu, à l'obtention de certifications pertinentes et à la mise à jour des dernières tendances et meilleures pratiques du secteur.

Démontrer la compétence : Outre l'expertise, la démonstration de compétence dans ses actions et ses comportements peut avoir un impact significatif sur le pouvoir et la crédibilité personnels. Être fiable, compétent et produire des résultats de manière constante renforce la confiance et le respect des autres. Il est important de démontrer des normes élevées de professionnalisme, une attention aux détails et des antécédents de réussite pour gagner en influence, même sans autorité formelle.

Établir des relations: Construire des relations solides basées sur la confiance, le respect et la compréhension mutuelle peut être une puissante source de pouvoir personnel et de crédibilité. Investir du temps et des efforts pour développer des liens significatifs avec les autres peut créer un réseau de sympathisants plus susceptibles d'être influencés par les points de vue et les idées de chacun. Construire des relations positives implique également une écoute active, de l'empathie et une compréhension du point de vue des autres, ce qui peut renforcer encore davantage le pouvoir personnel et la crédibilité.

Faire preuve d'intégrité : Faire preuve d'intégrité dans ses actions, ses paroles et ses décisions est un aspect essentiel pour tirer parti du pouvoir personnel et de la crédibilité. Être honnête, transparent et agir systématiquement conformément à ses valeurs et principes renforce la confiance et la crédibilité. Les gens sont plus susceptibles d'être influencés par des individus qui font preuve d'intégrité, car cela signifie fiabilité, authenticité et comportement éthique.

Communiquer efficacement : Une communication efficace est une compétence clé pour influencer les autres sans autorité formelle. Une communication claire et convaincante peut aider à transmettre des idées, à obtenir l'adhésion et à influencer les opinions et les actions des autres. Il est important d'adapter les styles de communication en fonction du public cible, d'écouter activement, d'utiliser un langage persuasif et de fournir des arguments convaincants étayés par des preuves. Une communication efficace renforce le pouvoir personnel et la crédibilité, rendant les autres plus réceptifs à son influence.

Afficher la confiance : La confiance est un attribut puissant qui peut renforcer le pouvoir personnel et la crédibilité pour influencer les autres. La confiance reflète l'assurance, la conviction et la croyance en ses capacités et ses idées. Lorsqu'une personne fait preuve de confiance dans sa communication, ses actions et sa prise de décision, les autres sont plus susceptibles de la percevoir comme crédible et influente. Construire la confiance en soi grâce à la conscience de soi, à l'auto-évaluation et à l'amélioration continue peut avoir un impact significatif sur la capacité d'une personne à influencer les autres sans autorité formelle.

Soyez authentique : L'authenticité est un élément clé du pouvoir personnel et de la crédibilité pour influencer les autres. Être authentique, transparent et fidèle à soi-même renforce la confiance et les relations avec les autres. L'authenticité favorise la connexion, la relativité et la sympathie, ce qui peut renforcer le pouvoir personnel et la crédibilité pour influencer les autres. Il est important d'être fidèle à soi-même, d'exprimer des pensées et des émotions authentiques et d'éviter les faux-semblants ou les manipulations afin de maintenir l'authenticité en influençant les autres.

Faire preuve d'empathie : L'empathie, ou la capacité de comprendre et de partager les sentiments des autres, est un outil puissant pour influencer sans autorité formelle. En faisant preuve d'empathie, on peut se connecter avec les autres sur le plan émotionnel, comprendre leurs points de vue et établir une confiance et des relations. L'empathie aide à établir des relations positives, à résoudre conflits et trouver un terrain d'entente avec les autres, ce qui peut contribuer à les influencer. Cela implique d'écouter activement, de reconnaître les émotions et les points de vue des autres et de réagir avec compréhension et compassion.

Développer une vision convaincante : Avoir une vision claire et convaincante qui correspond aux besoins et aux aspirations des autres peut être un outil puissant d'influence sans autorité formelle. Une vision bien articulée qui trouve un écho auprès des autres peut les inciter à suivre, à soutenir et à se laisser influencer par ses idées et ses propositions. Il est important de communiquer les avantages et l'impact de la vision d'une manière qui fait appel aux intérêts et aux motivations des autres.

Soyez flexible et adaptatif : La flexibilité et l'adaptabilité sont des attributs importants pour influencer les autres sans autorité formelle. Être ouvert aux commentaires, disposé à ajuster les plans ou les approches en fonction de l'évolution des circonstances et être adaptable à différentes situations et personnalités peut renforcer le pouvoir personnel et la crédibilité. La flexibilité et l'adaptabilité démontrent une volonté de collaborer et de trouver des solutions qui profitent à toutes les parties, qui peuvent être convaincantes et influencer les autres.

Construire des coalitions et des alliés : Construire des coalitions et des alliés peut être une stratégie efficace pour influencer sans autorité formelle. Identifier des individus ou des groupes partageant les mêmes idées et partageant des intérêts ou des objectifs similaires et collaborer avec eux pour influencer collectivement les autres peut amplifier son influence. Construire des alliances implique d'instaurer la confiance, un soutien mutuel et de trouver un terrain d'entente avec les autres pour atteindre des objectifs communs.

Faire preuve de respect et d'inclusion : Le respect et l'inclusion sont cruciaux pour influencer les autres sans autorité formelle. Traiter les autres avec respect, valoriser leurs opinions et inclure activement diverses perspectives peut instaurer la confiance, favoriser la collaboration et renforcer le pouvoir et la crédibilité personnels. Le respect des idées, des perspectives et de la diversité de pensée des autres crée un environnement inclusif, qui peut renforcer son influence sur les autres.

Soyez patient et persévérant : Influencer les autres sans autorité formelle peut être difficile et prendre du temps. Cela demande de la patience, de la persévérance et de la persévérance. Il est important de rester engagé envers l'objectif, de communiquer systématiquement le message et d'adapter l'approche si nécessaire. Être patient et persévérant pour influencer les autres peut faire preuve de détermination, de résilience et d'engagement, ce qui peut renforcer le pouvoir personnel et la crédibilité.

Mener par l'exemple: Donner l'exemple est un moyen puissant d'influencer les autres sans autorité formelle. Donner l'exemple positif à travers ses actions, ses comportements et ses décisions peut inciter les autres à emboîter le pas. Être un modèle, faire preuve d'intégrité et agir systématiquement conformément à ses valeurs et principes peut renforcer la confiance, le respect et la crédibilité, ce qui peut inciter les autres à adopter des comportements similaires.

Pour influencer les autres sans autorité formelle, il faut tirer parti de son pouvoir personnel et de sa crédibilité. Développer une expertise, démontrer des compétences, établir des relations, faire preuve d'intégrité, communiquer efficacement, faire preuve de confiance, être authentique, faire preuve d'empathie, développer une vision convaincante, être flexible et adaptable, bâtir des coalitions et des alliés, faire preuve de respect et d'inclusion, être patient et persévérant, et Donner l'exemple sont des stratégies clés pour renforcer le pouvoir personnel et la crédibilité en influençant les autres sans autorité formelle. En maîtrisant ces compétences et stratégies, on peut devenir un influenceur compétent, capable de gérer efficacement des situations complexes et d'obtenir les résultats souhaités.

Construire des alliances et des coalitions

Pour influencer les autres sans autorité formelle, il faut souvent bâtir des alliances et des coalitions, ce qui implique de collaborer avec des individus ou des groupes partageant les mêmes idées pour atteindre collectivement des objectifs communs. La création d'alliances et de coalitions peut constituer une stratégie puissante pour amplifier l'influence et obtenir les résultats souhaités, en particulier dans des environnements complexes et dynamiques. Dans ce chapitre, nous approfondirons les détails de la construction d'alliances et de coalitions en tant qu'approche clé pour maîtriser l'art de l'influence sans autorité.

Comprendre les alliances et les coalitions :

Les alliances et les coalitions sont formées en réunissant des individus ou des groupes partageant des intérêts, des objectifs ou des valeurs similaires pour travailler en collaboration vers un objectif commun. Ces alliances ou coalitions peuvent être formelles ou informelles, selon le contexte et la nature de la situation d'influence. Les alliances formelles peuvent impliquer des accords signés, des structures établies et des rôles et responsabilités définis, tandis que les alliances informelles peuvent être plus flexibles et fluides, fondées sur la confiance et la compréhension mutuelles.

La création d'alliances et de coalitions peut s'avérer essentielle dans les situations où un individu ou un groupe manque d'autorité formelle mais doit influencer les autres pour obtenir un résultat particulier. Cela peut être sur le lieu de travail, dans un contexte communautaire, dans le cadre d'efforts de plaidoyer ou dans tout autre contexte où une influence sans autorité formelle est requise.

Stratégies approfondies pour bâtir des alliances et des coalitions :

Identifiez les intérêts et les objectifs communs : La première étape dans la construction d'alliances et de coalitions consiste à identifier les intérêts et objectifs communs parmi les individus ou les groupes impliqués. Cela nécessite de comprendre leurs motivations, leurs besoins et leurs aspirations, et de trouver des domaines d'alignement. En identifiant les intérêts et les objectifs communs, vous pouvez établir une base de collaboration et créer un objectif qui rassemble l'alliance ou la coalition.

Établir la confiance et le rapport : La confiance est un élément essentiel de toute alliance ou coalition réussie. Instaurer la confiance entre les membres implique d'établir une communication ouverte et honnête, d'être fiable et cohérent dans vos actions et de faire preuve d'intégrité et de transparence. Les relations sont également importantes, car elles favorisent un sentiment de connexion et de compréhension mutuelle entre les membres. La création d'un environnement de confiance et de relations favorise la collaboration et la coopération, qui sont essentielles à des alliances et coalitions efficaces.

Communiquer efficacement : Une communication efficace est cruciale pour bâtir des alliances et des coalitions. Cela implique d'écouter activement les points de vue des autres, d'exprimer clairement et respectueusement vos propres idées et opinions, et de trouver un terrain d'entente dans les discussions. Une communication claire et ouverte aide à aligner les attentes, à résoudre les conflits et à favoriser la compréhension mutuelle entre les membres. Cela aide également à établir des relations et à maintenir une atmosphère positive et collaborative au sein de l'alliance ou de la coalition.

Développer des stratégies et des plans partagés : Une fois les intérêts et objectifs communs identifiés, il est important d'élaborer des stratégies et des plans communs pour atteindre ces objectifs. Cela implique de réfléchir et d'évaluer collectivement diverses options, de peser le pour et le contre et de convenir d'un plan d'action. L'élaboration de stratégies et de plans communs favorise un sentiment d'appropriation et d'engagement parmi les membres et améliore l'efficacité de l'alliance ou de la coalition.

Attribuer les rôles et les responsabilités : Définir clairement les rôles et les responsabilités des membres de l'alliance ou de la coalition est essentiel au bon fonctionnement et à la progression efficace vers les objectifs communs. Attribuer des tâches, des rôles et des responsabilités en fonction des forces et de l'expertise des individus, et garantir la responsabilité et la transparence dans l'attribution des responsabilités, aide à éviter les conflits et les malentendus et favorise un sentiment d'appropriation et d'engagement partagés.

Favoriser la collaboration et la coopération : La collaboration et la coopération sont les pierres angulaires des alliances et coalitions réussies.

Encourager une culture de collaboration et de coopération entre les membres implique de promouvoir le travail d'équipe, de reconnaître et d'apprécier les contributions et de résoudre les conflits de manière constructive et inclusive. Cela implique également de favoriser un esprit de soutien mutuel, de partager des ressources et de célébrer conjointement les réussites, ce qui renforce les liens entre les membres et améliore l'efficacité de l'alliance ou de la coalition.

Soyez inclusif et diversifié : Inclusif et diversifié la représentation est essentielle pour bâtir des alliances et des coalitions. L'inclusion d'individus ou de groupes issus d'horizons, de perspectives et d'expertises divers peut apporter des idées, une créativité et une innovation précieuses à l'alliance ou à la coalition. Cela peut également contribuer à lutter contre les préjugés potentiels, à promouvoir l'équité et à garantir qu'un plus large éventail de perspectives soient prises en compte dans les processus décisionnels. Être inclusif et diversifié dans la construction d'alliances et de coalitions améliore non seulement l'efficacité du groupe, mais favorise également l'équité et la cohésion sociale.

Gérer les conflits et les différences : Les conflits et les différences sont inévitables dans tout effort de collaboration, et il est important de les gérer de manière proactive dans le cadre d'alliances et de coalitions. Cela implique de résoudre les conflits et les différends de manière opportune et constructive, en utilisant des techniques efficaces de résolution des conflits et en trouvant des solutions gagnant-gagnant. La gestion des conflits et des différences nécessite de l'ouverture d'esprit, de l'empathie et une volonté de comprendre et de respecter les diverses perspectives. Cela implique également de maintenir une atmosphère positive et inclusive au sein de l'alliance ou de la coalition, où tous les membres se sentent entendus, valorisés et inclus.

Maintenir la flexibilité et l'adaptabilité : Les alliances et les coalitions peuvent être confrontées à des défis et à des incertitudes en cours de route, et il est important de maintenir leur flexibilité et leur adaptabilité en réponse à des circonstances changeantes. Être ouverte aux nouvelles idées, aux retours et aux enseignements tirés des expériences permet à l'alliance ou à la coalition d'évoluer et d'ajuster ses stratégies et ses plans selon les besoins. La flexibilité et l'adaptabilité permettent à l'alliance ou à la coalition de surmonter les obstacles, de saisir les opportunités et de rester pertinente et efficace dans la réalisation de ses objectifs communs.

Établissez des relations à long terme : Construire des alliances et des coalitions n'est pas seulement une question de collaboration à court terme, mais également l'établissement de relations à long terme fondées sur la confiance, le respect et des valeurs partagées. Entretenir les relations entre les membres implique une communication continue, un soutien mutuel et la célébration des réalisations ensemble. Les relations à long terme fondées sur la confiance et le respect mutuel constituent une base solide pour une collaboration et une influence durable sans autorité.

Construire des alliances et des coalitions est une approche puissante pour maîtriser l'art de l'influence sans autorité. Cela nécessite d'identifier des intérêts et des objectifs communs, d'établir des relations de confiance et des relations, une communication efficace, d'élaborer des stratégies et des plans partagés, d'attribuer des rôles et des responsabilités, de favoriser la collaboration et la coopération, d'être inclusif et diversifié, de gérer les conflits et les différences, de maintenir la flexibilité et l'adaptabilité et de construire des relations à long terme. -relations à terme. En utilisant ces stratégies approfondies, on peut construire efficacement des alliances et des coalitions pour amplifier leur influence et atteindre les résultats souhaités, même en l'absence d'autorité formelle.

Naviguer dans des scénarios d'influence difficiles

Il n'est pas toujours facile d'influencer, surtout lorsqu'on essaie d'influencer sans autorité formelle. Il existe souvent des scénarios difficiles qui nécessitent des stratégies et des tactiques spécifiques pour naviguer efficacement. Dans ce chapitre, nous explorerons en profondeur comment gérer des scénarios d'influence difficiles, notamment la résistance, le scepticisme, les intérêts conflictuels et les déséquilibres de pouvoir.

Lutter contre la résistance : Lorsque vous essayez d'influencer sans autorité, il est courant de rencontrer la résistance d'autres personnes qui ne sont peut-être pas initialement réceptives à vos idées ou propositions. La résistance peut se manifester de diverses manières, comme le scepticisme, le refus ou le rejet pur et simple. Pour faire face à la résistance, il est crucial de pratiquer l'écoute active et l'empathie afin de comprendre les préoccupations ou les objections sous-jacentes de l'autre partie. Reconnaissez leurs points de vue et validez leurs préoccupations pour établir des relations et de la confiance. Ensuite, utilisez des techniques de communication stratégique et de cadrage pour recadrer vos idées ou propositions d'une manière qui correspond à leurs intérêts ou valeurs. Fournissez des preuves, des exemples et un raisonnement logique pour étayer vos arguments et répondre à toute objection potentielle. Soyez patient, persévérant et adaptable dans votre approche, et évitez de recourir à des tactiques agressives ou conflictuelles, car elles peuvent intensifier la résistance et entraver vos efforts d'influence.

Gérer le scepticisme : Le scepticisme est une réponse naturelle aux nouvelles idées ou propositions, surtout lorsqu'elles proviennent de quelqu'un sans autorité formelle. Pour gérer le scepticisme, il est important d'établir votre crédibilité en mettant en valeur votre expertise, votre expérience et vos antécédents de réussite dans des situations similaires. Fournissez des preuves, des données et des études de cas pour étayer la faisabilité et les avantages de vos idées ou propositions. Établissez des relations et des alliances avec des parties prenantes influentes qui peuvent garantir votre crédibilité et soutenir vos efforts d'influence. Soyez prêt à répondre aux questions, préoccupations et doutes avec clarté et confiance, et soyez ouvert aux commentaires et aux critiques constructives. En gérant efficacement le scepticisme, vous pouvez gagner la confiance des autres et accroître votre influence dans des scénarios difficiles.

Résoudre les intérêts conflictuels : Lorsque vous essayez d'influencer sans autorité, vous pouvez rencontrer des situations dans lesquelles différentes parties prenantes ont des intérêts ou des priorités contradictoires. Cela peut créer des difficultés pour obtenir l'alignement et le soutien de vos idées ou propositions. Dans de tels scénarios, il est crucial d'adopter une approche collaborative et inclusive. Cherchez à comprendre les perspectives, les besoins et les priorités de chaque partie prenante impliquée, et recherchez un terrain d'entente ou des intérêts partagés. S'engager dans un dialogue et des négociations constructifs pour trouver des solutions gagnant-gagnant qui répondent aux préoccupations de toutes les parties impliquées. Soyez prêt à faire des compromis et à trouver des solutions créatives qui équilibrent différents intérêts, tout en gardant le cap sur vos objectifs fondamentaux. Construire des coalitions et des alliances avec des parties prenantes partageant des intérêts similaires peut également s'avérer efficace pour résoudre des intérêts conflictuels et obtenir un soutien pour vos efforts d'influence.

Gestion des déséquilibres de pouvoir : Lorsqu'on tente d'influencer sans autorité, les déséquilibres de pouvoir peuvent présenter des défis importants. Le pouvoir peut être hiérarchique, formel ou informel dans les organisations, et il peut influencer les processus décisionnels et les résultats. Pour gérer les déséquilibres de pouvoir, il est important de comprendre les sources de pouvoir et les dynamiques en jeu au sein de l'organisation. Identifiez les parties prenantes et les décideurs influents qui peuvent avoir un impact sur les résultats de vos efforts d'influence et établissez avec eux des relations basées sur la confiance, le respect et les intérêts partagés. Utilisez un cadre et un langage stratégiques pour aligner vos propositions sur les valeurs, les objectifs et les priorités de parties prenantes puissantes. Collaborez avec des alliés et partisans influents pour amplifier votre influence et gérer efficacement les déséquilibres de pouvoir. Il est également essentiel de faire preuve d'intégrité, de professionnalisme et d'un comportement éthique dans vos efforts d'influence pour gagner le respect et la confiance des autres, quelle que soit votre autorité formelle.

Tirer parti des réseaux et des alliés : La création et l'exploitation de réseaux et d'alliés peuvent jouer un rôle déterminant dans la gestion de scénarios d'influence difficiles. Les réseaux et les alliances peuvent donner accès à des ressources, des informations, du soutien et des opportunités susceptibles de renforcer vos efforts d'influence. Identifier les individus ou groupes influents qui peuvent servir d'alliés et des champions de vos idées ou propositions. Cultivez des relations avec eux en étant authentique, solidaire et collaboratif. Collaborez avec eux sur des projets ou des initiatives communs pour créer un sentiment d'objectif commun et instaurer la confiance. Tirez parti de leur expertise, de leur crédibilité et de leurs réseaux pour amplifier votre influence et obtenir le soutien des autres parties prenantes. Soyez proactif en entretenant et en élargissant vos réseaux, tant à l'intérieur qu'à l'extérieur de votre organisation, afin d'élargir votre sphère d'influence et d'augmenter votre capacité à gérer des scénarios d'influence difficiles.

Bâtir la confiance et la crédibilité : La confiance et la crédibilité sont des éléments essentiels pour influencer sans autorité. Sans autorité formelle, vous devez compter sur l'instauration de la confiance et de la crédibilité à travers vos actions, comportements et relations. Soyez cohérent dans vos paroles et vos actions et respectez vos engagements. Soyez fiable, fiable et transparent dans votre communication et vos interactions. Développez votre expertise, vos compétences et vos connaissances dans votre zone d'influence pour établir votre crédibilité. Faire preuve d'empathie, d'écoute active et de compréhension pour établir la confiance avec les autres. Soyez éthique, professionnel et authentique dans vos efforts d'influence et évitez de vous engager dans un comportement manipulateur ou contraire à l'éthique qui peut éroder la confiance et la crédibilité. Lorsque les autres vous considèrent comme digne de confiance et crédible, ils sont plus susceptibles d'écouter vos idées, de considérer vos propositions et de soutenir vos efforts d'influence.

Flexion de votre style d'influence : Différentes situations peuvent nécessiter différents styles d'influence. Il est important d'être flexible et d'adapter votre style d'influence en fonction du contexte et des individus que vous essayez d'influencer. Certains styles d'influence courants incluent la persuasion rationnelle, la consultation, l'appel inspirant, la collaboration et l'affirmation de soi. La persuasion rationnelle implique l'utilisation d'un raisonnement logique, de données et de preuves pour présenter des arguments convaincants en faveur de vos idées. La consultation implique de rechercher des commentaires et d'impliquer d'autres personnes dans le processus décisionnel pour obtenir leur adhésion. L'appel inspirant implique de faire appel aux émotions, aux valeurs et aux aspirations pour inspirer et motiver les autres. La collaboration implique de travailler avec d'autres, de tirer parti de leurs forces et de leur expertise et de créer des solutions gagnant-gagnant. L'affirmation de soi implique d'exprimer ses idées et ses opinions avec confiance et assurance, tout en respectant le point de vue des autres. La clé est d'être adaptable et de choisir le style d'influence approprié qui est le plus susceptible de trouver un écho auprès des personnes que vous essayez d'influencer dans une situation particulière.

Je Influencer sans autorité formelle peut s'avérer difficile, mais cela est possible avec les bonnes stratégies et tactiques. Naviguer dans des scénarios d'influence difficiles nécessite des compétences pour faire face à la résistance, gérer le scepticisme, résoudre les intérêts conflictuels, gérer les déséquilibres de pouvoir, tirer parti des réseaux et des alliés, instaurer la confiance et la crédibilité et faire évoluer votre style d'influence. En comprenant et en appliquant ces principes, vous pouvez améliorer votre capacité à influencer les autres, obtenir du soutien pour vos idées ou propositions et atteindre les résultats souhaités, même sans autorité formelle. N'oubliez pas d'être authentique, éthique et respectueux dans vos efforts d'influence, et efforcez-vous de créer des solutions gagnant-gagnant qui profitent à toutes les parties impliquées.

Chapitre 7 : L'art du timing

Reconnaître l'importance du timing dans l'influence

Le timing est un facteur critique dans l'art de l'influence. Savoir quand agir, quand communiquer et quand agir peut avoir un impact significatif sur votre efficacité à influencer les autres. Dans ce chapitre, nous explorerons le concept de timing et son importance dans l'art de l'influence, en fournissant des informations approfondies et des conseils pratiques pour tirer parti du timing afin d'améliorer votre capacité à influencer les autres avec succès.

Comprendre la dynamique du timing : Le timing ne consiste pas seulement à trouver le bon moment pour agir, mais également à comprendre la dynamique de la situation et les individus impliqués. Cela implique de considérer divers facteurs, tels que le contexte, l'état émotionnel de l'autre personne, le niveau de préparation et l'environnement extérieur. Le calendrier peut varier en fonction de la situation, des personnes impliquées et du contexte culturel. Cela nécessite d'être à l'écoute des nuances de la situation et des personnes que vous essayez d'influencer.

Évaluation de l'état de préparation et de la réceptivité : Le timing implique d'évaluer l'état de préparation et la réceptivité de l'autre personne ou groupe. Les gens peuvent être plus ouverts à l'influence lorsqu'ils sont d'humeur positive, réceptifs aux nouvelles idées ou confrontés à un besoin ou à un défi spécifique. Évaluer leur niveau de préparation et de réceptivité peut vous aider à déterminer le moment opportun pour présenter vos idées ou propositions. Cela peut impliquer d'observer des signaux verbaux et non verbaux, de poser des questions ouvertes et d'écouter activement pour comprendre leurs points de vue et leurs émotions.

Saisir les opportunités : Le timing implique également de reconnaître et de saisir les opportunités à mesure qu'elles se présentent. Parfois, des opportunités inattendues peuvent se présenter, comme une rencontre fortuite avec un décideur ou un changement soudain de circonstances pouvant créer un environnement favorable à vos efforts d'influence. Être proactif, flexible et agile pour reconnaître et saisir de telles opportunités peut avoir un impact significatif sur votre capacité à influencer positivement les autres.

S'aligner sur les cycles de prise de décision : Dans les organisations, les cycles et processus décisionnels peuvent avoir un impact sur le calendrier de vos efforts d'influence. Comprendre les cycles de prise de décision, les protocoles et les hiérarchies de votre organisation peut vous aider à aligner vos stratégies d'influence en conséquence. Par exemple, si une décision critique doit être prise à un moment donné ou lors d'une réunion spécifique, vous pouvez planifier vos efforts d'influence pour qu'ils coïncident avec ce calendrier, garantissant ainsi que vos idées ou propositions sont prises en compte au bon moment.

Gérer la résistance et les obstacles : Le timing peut également jouer un rôle crucial dans la gestion de la résistance et dans la résolution des obstacles dans vos efforts d'influence. Par exemple, si vous rencontrez de la résistance ou du scepticisme de la part des autres, le timing peut être utilisé de manière stratégique pour relever ces défis. Cela peut impliquer de prendre du recul, de se regrouper et de revoir votre approche lorsque le moment est plus favorable, ou de rechercher l'avis et les commentaires des autres pour répondre à leurs préoccupations avant de présenter à nouveau vos idées.

Adaptation aux facteurs culturels et contextuels : Le timing peut être influencé par des facteurs culturels et contextuels. Différentes cultures ont des normes, des attentes et des manières différentes de percevoir le temps. Comprendre et respecter les différences culturelles en matière de timing peut être essentiel dans les efforts d'influence interculturelle. Des facteurs contextuels, tels que l'urgence d'une situation, le niveau de formalité ou le niveau de confiance entre les individus, peuvent également avoir un impact sur le timing de vos stratégies d'influence. Adapter votre approche pour l'aligner sur les facteurs culturels et contextuels peut améliorer considérablement votre efficacité à influencer les autres.

Équilibrer patience et persévérance : Le timing implique également de trouver le bon équilibre entre patience et persévérance. Parfois, les efforts d'influence peuvent prendre du temps, et il faut de la patience pour attendre le moment opportun. Cependant, être trop patient peut entraîner des opportunités manquées ou une perte d'élan. D'un autre côté, être trop persistant ou insistant peut se retourner contre vous et conduire à une résistance ou à un rejet. Trouver le bon équilibre entre patience et persévérance nécessite du jugement, de l'intuition et de l'adaptabilité, et peut avoir un impact significatif sur votre capacité à influencer les autres avec succès.

Surveillance et ajustement : Un timing efficace implique également de surveiller et d'ajuster en permanence vos efforts d'influence en fonction de la dynamique changeante de la situation. Cela nécessite d'être agile, adaptable et prêt à procéder aux ajustements nécessaires. Faites attention aux commentaires, aux signaux des autres et aux changements de situation, et soyez prêt à adapter votre approche ou votre timing en conséquence. Être proactif et réactif aux changements peut vous aider à rester sur la bonne voie et à augmenter vos chances de réussir à influencer les autres.

Tirer parti de différentes stratégies de timing : Il existe différentes stratégies temporelles que vous pouvez utiliser dans vos efforts d'influence, en fonction de la situation et des individus impliqués. Ceux-ci peuvent inclure :

Un. Frontloading : Le frontloading consiste à présenter vos idées ou propositions dès le début du processus d'influence afin d'établir votre position et de créer une dynamique. Cela peut être efficace lorsque vous disposez d'arguments ou de preuves solides pour étayer vos idées et que vous souhaitez donner le ton à la discussion.

b. Timing en milieu de partie : le timing en milieu de partie implique de présenter vos idées ou propositions à un moment critique du processus de prise de décision lorsque les émotions, les intérêts et les priorités sont en jeu. Cela peut être efficace lorsque vous souhaitez tirer parti de l'élan de la situation pour obtenir du soutien en faveur de vos idées.

c. Timing de fin de partie : Le timing de fin de partie implique de présenter vos idées ou propositions vers la fin du processus de prise de décision, lorsque les options sont restreintes et que les décisions sont en cours de finalisation. Cela peut être efficace lorsque vous souhaitez renforcer vos idées et faire un dernier effort de persuasion.

d. Calendrier de suivi : le calendrier de suivi implique de planifier vos actions de suivi, telles que des rappels, des informations supplémentaires ou des réunions, de manière stratégique pour renforcer vos efforts d'influence. Cela peut être efficace lorsque vous souhaitez maintenir votre élan et garder vos idées à l'avant-plan de l'esprit des décideurs.

Gérer l'impatience et la frustration : Enfin, un timing efficace nécessite également de gérer l'impatience et la frustration. Les efforts d'influence peuvent parfois s'avérer difficiles et ne pas donner de résultats immédiats. Il est important de gérer vos attentes et vos émotions, et de ne pas laisser l'impatience ou la frustration entraver votre capacité à planifier stratégiquement vos efforts d'influence. Restez concentré, résilient et persévérant, et faites confiance au processus d'influence.

TLe timing est un élément crucial dans l'art de l'influence. Cela nécessite de comprendre la dynamique du timing, d'évaluer l'état de préparation et la réceptivité, de saisir les opportunités, de s'aligner sur les cycles de prise de décision, de gérer la résistance et les obstacles, de s'adapter aux facteurs culturels et contextuels, d'équilibrer patience et persévérance, de surveiller et d'ajuster, de tirer parti de différentes stratégies de timing, et gérer l'impatience et la frustration. Maîtriser l'art du timing peut améliorer considérablement votre efficacité à influencer les autres sans autorité formelle et augmenter vos chances de succès pour atteindre les résultats souhaités.

Alors que vous poursuivez votre parcours pour devenir un influenceur qualifié, n'oubliez pas que le timing n'est pas une science exacte, mais plutôt un art qui nécessite observation, intuition et adaptabilité. Continuez à apprendre, à pratiquer et à affiner vos compétences en matière de timing, et vous serez sur la bonne voie pour devenir un maître de l'art de l'influence sans autorité formelle.

Comprendre la psychologie de la prise de décision

Un timing efficace est un élément essentiel dans l'art de l'influence, et comprendre la psychologie de la prise de décision peut grandement améliorer votre capacité à planifier stratégiquement vos efforts d'influence. La prise de décision est un processus cognitif complexe influencé par divers facteurs psychologiques qui façonnent la façon dont les gens font des choix, traitent l'information et réagissent aux efforts de persuasion. Dans ce chapitre, nous approfondirons la psychologie de la prise de décision et explorerons comment vous pouvez tirer parti de cette compréhension pour optimiser vos stratégies de timing pour une influence maximale.

Biais cognitifs : Les biais cognitifs sont des erreurs systématiques dans le jugement humain et la prise de décision qui peuvent avoir un impact significatif sur la façon dont les gens perçoivent l'information et prennent des décisions. Ces biais peuvent affecter des facteurs tels que l'attention, la perception, la mémoire et le raisonnement, conduisant à une prise de décision sous-optimale. Certains biais cognitifs courants comprennent le biais de confirmation (tendance à rechercher et à interpréter des informations qui confirment ses croyances ou attitudes existantes), le biais de disponibilité (tendance à s'appuyer sur des informations facilement disponibles), le biais d'ancrage (tendance à s'appuyer fortement sur le premier élément d'information rencontré) et l'aversion aux pertes (tendance à éviter les pertes plutôt qu'à rechercher des gains). Comprendre ces biais peut vous aider à adapter vos stratégies de timing pour les aligner sur la manière dont les gens traitent les informations et prennent des décisions.

Influences émotionnelles : Les émotions jouent un rôle important dans la prise de décision. La recherche a montré que les émotions peuvent influencer nos jugements, nos préférences et nos choix. Les émotions telles que la peur, la joie, la colère et l'empathie peuvent façonner les processus décisionnels et leurs résultats. Par exemple, faire appel aux émotions à travers une narration, un langage vivant ou des anecdotes personnelles peut susciter des réponses émotionnelles susceptibles d'influencer la prise de décision. Comprendre les influences émotionnelles sur la prise de décision peut vous aider à planifier vos efforts d'influence d'une manière qui résonne avec les émotions de votre public cible, améliorant ainsi votre impact persuasif.

Influences sociales : Les facteurs sociaux jouent également un rôle crucial dans la prise de décision. Les gens sont des êtres sociaux et leurs décisions sont souvent influencées par les opinions, les attitudes et les comportements des autres. L'influence sociale peut se produire à travers divers mécanismes, tels que la conformité (aligner ses attitudes ou ses comportements sur ceux des autres), la preuve sociale (s'appuyer sur les comportements des autres comme indice d'un comportement approprié) et l'autorité (respecter et suivre les opinions d'experts crédibles). Ou des chiffres). Comprendre les influences sociales peut vous aider à planifier vos efforts d'influence pour tirer parti du pouvoir de la dynamique sociale et améliorer votre efficacité de persuasion.

Heuristiques de prise de décision : Les heuristiques de prise de décision sont des raccourcis mentaux ou des règles empiriques que les gens utilisent pour prendre des décisions rapidement et efficacement. Ces heuristiques peuvent simplifier des processus décisionnels complexes, mais peuvent également conduire à des biais et des erreurs. Des exemples d'heuristiques de prise de décision comprennent l'heuristique de disponibilité (s'appuyant sur des informations facilement disponibles), l'heuristique de représentativité (porter des jugements basés sur des stéréotypes ou des prototypes) et l'heuristique de familiarité (préférer les options familières aux options inconnues). Comprendre les heuristiques de prise de décision peut vous aider à anticiper la manière dont les gens pourraient prendre des décisions et à adapter vos stratégies de timing en conséquence.

Motivation et orientation vers les objectifs : La motivation et l'orientation vers les objectifs jouent un rôle important dans la prise de décision. Les gens sont motivés par leurs désirs, leurs besoins et leurs objectifs, et leurs décisions sont souvent guidées par ces motivations. Comprendre les motivations sous-jacentes et l'orientation des objectifs de votre public cible peut vous aider à aligner vos stratégies de timing pour qu'elles correspondent à leurs motivations et augmenter la probabilité d'influencer leurs décisions. Par exemple, faire appel à leurs valeurs, aspirations ou intérêts personnels peut renforcer leur motivation à être réceptif à vos efforts d'influence.

Contexte et environnement : Le contexte et l'environnement dans lesquels se déroule la prise de décision peuvent également avoir un impact sur la façon dont les gens prennent leurs décisions. Des facteurs tels que le cadre physique, les normes sociales, les influences culturelles et les indices situationnels peuvent façonner les processus décisionnels et leurs résultats. Par exemple, la prise de décision lors d'une réunion d'affaires formelle peut être influencée par différents facteurs par rapport à la prise de décision dans un cadre social informel.

Comprendre le rôle du contexte et de l'environnement peut vous aider à planifier vos efforts d'influence pour vous aligner sur le contexte spécifique dans lequel votre public cible prend ses décisions.

Charge cognitive : La charge cognitive fait référence à la quantité de capacité de traitement cognitif utilisée dans la mémoire de travail. Lorsque les individus sont soumis à une charge cognitive élevée, par exemple lorsqu'ils effectuent plusieurs tâches à la fois ou lorsqu'ils s'occupent de tâches complexes, leur capacité à traiter et à évaluer des messages persuasifs peut être réduite. Comprendre la charge cognitive peut vous aider à planifier vos efforts d'influence lorsque votre public cible est susceptible d'avoir une faible charge cognitive, par exemple lorsqu'il est moins distrait ou dispose de plus de capacités cognitives pour traiter efficacement votre message.

Styles de prise de décision : Les gens ont des styles de prise de décision différents, et comprendre ces styles peut vous aider à adapter vos stratégies de timing en conséquence. Certaines personnes peuvent être plus rationnelles et analytiques dans leur prise de décision, tandis que d'autres peuvent être plus intuitives ou émotives. En comprenant le style de prise de décision de votre public cible, vous pouvez adapter vos efforts d'influence pour qu'ils correspondent à leur style préféré, augmentant ainsi la probabilité d'influencer leurs décisions.

Processus de prise de décision: La prise de décision est un processus qui comporte plusieurs étapes, telles que la reconnaissance du problème, la recherche d'informations, l'évaluation des alternatives et la décision finale. Comprendre le processus de prise de décision peut vous aider à planifier vos efforts d'influence aux moments les plus opportuns de ce processus. Par exemple, planifier vos efforts d'influence pendant la phase de recherche d'informations, lorsque les individus recherchent activement des informations, peut être plus efficace que pendant la phase d'évaluation, lorsque les individus sont déjà biaisés en faveur d'une certaine option.

Cadrage de décision : La façon dont une décision est formulée peut avoir un impact significatif sur la façon dont elle est perçue et évaluée. Par exemple, présenter une décision comme un gain ou une perte, mettre en évidence différents attributs ou caractéristiques d'une option, ou la présenter de manière positive ou négative peut influencer la prise de décision. Comprendre le cadrage décisionnel peut vous aider à planifier vos efforts d'influence pour formuler votre message d'une manière qui résonne avec les valeurs, les préférences et les motivations de votre public cible.

Comprendre la psychologie de la prise de décision est crucial pour maîtriser l'art du timing en matière d'influence. En reconnaissant les biais cognitifs, les influences émotionnelles, les influences sociales, les heuristiques de prise de décision, la motivation et l'orientation vers les objectifs, le contexte et l'environnement, la charge cognitive, les styles de prise de décision, le processus de prise de décision et le cadrage décisionnel, vous pouvez planifier stratégiquement vos efforts d'influence. Pour maximiser votre impact persuasif. Être conscient de ces facteurs psychologiques et adapter vos stratégies de timing en conséquence peut grandement améliorer votre capacité à influencer les autres, même sans autorité formelle, et à atteindre les résultats souhaités dans divers scénarios d'influence.

Calendrier stratégique pour un impact maximal

Le timing est un facteur essentiel pour influencer efficacement les autres. La capacité de planifier stratégiquement vos efforts d'influence peut avoir un impact significatif sur le succès de vos tentatives de persuasion. Dans ce chapitre, nous explorerons en profondeur l'art du timing et comment l'exploiter stratégiquement pour un impact maximal dans vos efforts d'influence.

Reconnaître l'importance du timing : Le timing joue un rôle crucial dans la persuasion. Le bon message au mauvais moment peut tomber dans l'oreille d'un sourd, tandis que le même message au bon moment peut être très convaincant.

Comprendre l'importance du timing pour influencer les autres est la première étape vers la maîtrise de l'art du timing.

Facteurs psychologiques affectant le timing : Plusieurs facteurs psychologiques peuvent avoir un impact sur le timing de vos efforts d'influence. Ces facteurs comprennent les biais cognitifs, les influences émotionnelles, les influences sociales, les heuristiques de prise de décision, la motivation et l'orientation vers les objectifs, ainsi que la charge cognitive. Être conscient de ces facteurs psychologiques et de la manière dont ils influencent la prise de décision peut vous aider à planifier stratégiquement vos efforts d'influence pour un impact maximal.

Contexte et environnement : Le contexte et l'environnement dans lesquels vous essayez d'influencer les autres peuvent avoir un impact considérable sur le timing de vos efforts. Différentes situations, paramètres et environnements peuvent affecter la réceptivité des autres à votre message persuasif. Comprendre le contexte et l'environnement peut vous aider à planifier vos efforts d'influence d'une manière qui s'aligne sur la situation spécifique et augmente vos chances de succès.

Styles de prise de décision : Les gens ont des styles de prise de décision différents, et comprendre ces styles peut vous aider à adapter vos stratégies de timing en conséquence. Certaines personnes peuvent être plus analytiques et préférer une approche rationnelle, tandis que d'autres peuvent être plus intuitives ou émotionnelles dans leur prise de décision. En comprenant le style de prise de décision de votre public cible, vous pouvez adapter vos stratégies de timing pour qu'elles correspondent à leur style préféré, augmentant ainsi la probabilité d'influencer leurs décisions.

Processus de prise de décision: La prise de décision est un processus en plusieurs étapes qui implique diverses étapes telles que la reconnaissance du problème, la recherche d'informations, l'évaluation des alternatives et la décision finale. Comprendre le processus de prise de décision peut vous aider à planifier vos efforts d'influence aux moments les plus opportuns de ce processus. Par exemple, planifier vos efforts d'influence pendant la phase de recherche d'informations, lorsque les individus recherchent activement des informations, peut être plus efficace que pendant la phase d'évaluation, lorsque les individus sont déjà biaisés en faveur d'une certaine option.

Cadrage de décision : La façon dont une décision est formulée peut avoir un impact significatif sur la façon dont elle est perçue et évaluée. La façon dont vous formulez votre message persuasif, par exemple en le présentant comme un gain ou une perte, en mettant en évidence différents attributs ou caractéristiques d'une option, ou en le formulant de manière positive ou négative, peut influencer la prise de décision. Comprendre le cadrage décisionnel peut vous aider à planifier vos efforts d'influence pour formuler votre message d'une manière qui résonne avec les valeurs, les préférences et les motivations de votre public cible.

Anticiper et surmonter les objections : Le timing est également important lorsqu'il s'agit de répondre aux objections ou aux préoccupations qui peuvent surgir lors de vos tentatives de persuasion. Anticiper les objections potentielles et y répondre au bon moment peut éviter qu'elles ne deviennent des obstacles à vos efforts de persuasion. Planifier vos réponses aux objections de manière stratégique et efficace peut vous aider à surmonter la résistance et à maintenir l'élan de vos efforts d'influence.

Flexibilité et adaptabilité : Le timing n'est pas toujours une question d'horaire ou de calendrier fixe. Cela nécessite de la flexibilité et de l'adaptabilité pour répondre aux situations et dynamiques changeantes. Être capable de lire la situation, d'évaluer la réceptivité de votre public cible et d'ajuster vos stratégies de timing en conséquence peut grandement améliorer votre impact persuasif. La flexibilité et l'adaptabilité sont des qualités essentielles pour maîtriser l'art du timing pour influencer les autres.

Considérations éthiques: Il est important de noter que le timing doit toujours être abordé de manière éthique et dans le respect des autres. Les stratégies temporelles manipulatrices ou coercitives peuvent se retourner contre vous et nuire aux relations, à la confiance et à l'influence à long terme. Il est crucial de considérer les implications éthiques de vos stratégies de timing et assurez-vous qu'elles correspondent à vos valeurs et aux principes de persuasion éthique.

Pratique et réflexion : Maîtriser l'art du timing en matière d'influence nécessite de la pratique et de la réflexion. Cela n'est peut-être pas toujours parfait et vous pourriez rencontrer des défis en cours de route. Il est important de réfléchir à vos stratégies de timing, d'apprendre de vos expériences et d'affiner continuellement votre approche pour améliorer votre impact persuasif au fil du temps.

L'art du timing dans l'influence est une compétence essentielle à maîtriser. Cela implique de reconnaître l'importance du timing, de comprendre les facteurs psychologiques qui affectent le timing, de s'adapter au contexte et à l'environnement, de s'aligner sur les styles et processus de prise de décision, de tirer parti du cadrage décisionnel, de répondre aux objections, d'être flexible et adaptable et de prendre en compte les implications éthiques. En planifiant stratégiquement vos efforts d'influence, vous pouvez augmenter considérablement vos chances de succès et obtenir un impact maximal dans vos efforts de persuasion. N'oubliez pas que le timing ne dépend pas seulement du moment où transmettre votre message, mais également de la manière de le transmettre d'une manière qui résonne auprès de votre public cible et le motive à agir.

Anticiper et gérer la résistance grâce au timing

L'influence et la persuasion impliquent souvent de faire face à la résistance des autres. La résistance peut prendre diverses formes, comme les objections, le scepticisme, les doutes ou la réticence. En tant qu'influenceur expérimenté, comprendre comment anticiper et gérer la résistance grâce au timing peut grandement améliorer votre capacité à surmonter les objections et à atteindre les résultats souhaités. Dans ce chapitre, nous explorerons en profondeur les stratégies et techniques permettant d'anticiper et de gérer la résistance grâce à un timing efficace.

Anticiper la résistance : La première étape pour gérer la résistance est de l'anticiper. Cela nécessite de comprendre les objections potentielles ou les points de résistance qui peuvent surgir de la part de votre public cible. Mettez-vous à leur place et considérez leur point de vue. Quelles sont les éventuelles inquiétudes ou doutes qu'ils peuvent avoir ? Qu'est-ce qui pourrait déclencher leur résistance ? En examinant attentivement à l'avance les objections potentielles ou les points de résistance, vous serez mieux préparé à y répondre de manière proactive et stratégique.

Délai de réponse : Le timing est crucial pour gérer efficacement la résistance. Il est important de répondre aux objections ou aux résistances en temps opportun, mais pas trop hâtivement. Si vous réagissez trop rapidement, cela peut paraître défensif ou dédaigneux et pourrait intensifier la résistance. D'un autre côté, si vous tardez à répondre, cela peut indiquer un manque d'inquiétude ou de préparation. Par conséquent, il est important de planifier soigneusement votre réponse aux objections ou à la résistance, en tenant compte du contexte, de la nature de l'objection et des émotions impliquées.

Ecoute et empathie : Un autre aspect clé de la gestion de la résistance grâce au timing est l'écoute active et l'empathie. Lorsqu'une personne exprime de la résistance, il est important d'écouter activement ses préoccupations, de reconnaître ses émotions et de comprendre son point de vue. Cela démontre du respect et de la compréhension et peut aider à désamorcer la résistance. Cependant, il est crucial de s'assurer que votre empathie est authentique et non perçue comme manipulatrice. L'authenticité et la sincérité de votre réponse peuvent grandement contribuer à gérer efficacement la résistance.

Répondre aux préoccupations : Une fois que vous avez attentivement écouté et compris les préoccupations du parti résistant, il est important de répondre à ses préoccupations directement et efficacement. Cela peut impliquer de fournir des preuves, des faits ou un raisonnement logique pour contrer leurs objections. Cela peut également nécessiter de clarifier tout malentendu ou toute idée fausse qu'ils pourraient avoir. En répondant à leurs préoccupations de manière claire et convaincante, vous pouvez contribuer à atténuer leur résistance et à créer un environnement plus propice à la persuasion.

Flexibilité et adaptabilité : La résistance à la persuasion n'est souvent pas statique et peut évoluer ou changer avec le temps. Il est donc important d'être flexible et adaptable dans votre approche de gestion de la résistance. Cela peut impliquer de réévaluer vos stratégies de timing, de réévaluer les objections et de modifier votre approche en conséquence. Être ouvert aux commentaires, ajuster votre message et adapter vos tactiques peut grandement améliorer votre capacité à gérer efficacement la résistance.

Intelligence émotionnelle: L'intelligence émotionnelle est un autre facteur essentiel dans la gestion de la résistance grâce au timing. Cela implique de reconnaître et de comprendre les émotions des autres, ainsi que de gérer vos propres émotions dans le processus de persuasion. L'intelligence émotionnelle peut vous aider à surmonter la résistance en gérant efficacement les émotions telles que la frustration, la colère ou l'attitude défensive, et en répondant de manière calme, posée et empathique. L'intelligence émotionnelle peut également vous aider à établir des relations et une confiance avec la partie résistante, ce qui peut influencer positivement sa réceptivité à vos efforts de persuasion.

Considérations éthiques: Enfin, il est crucial de considérer les implications éthiques de la gestion de la résistance en fonction du timing. Évitez d'utiliser des tactiques contraires à l'éthique, telles que la manipulation, la coercition ou la tromperie, pour vaincre la résistance. De telles tactiques peuvent générer des gains à court terme, mais peuvent nuire aux relations, à la confiance et à la crédibilité à long terme. Efforcez-vous toujours de maintenir l'intégrité, la transparence et le respect dans vos efforts de persuasion, même face à une résistance. Cela peut grandement améliorer votre capacité à influencer et à persuader les autres. En anticipant les objections potentielles, en chronométrant vos réponses de manière appropriée, en écoutant activement et en faisant preuve d'empathie, en répondant directement aux préoccupations, en étant flexible et adaptable, en tirant parti de l'intelligence émotionnelle et en maintenant des considérations éthiques, vous pouvez gérer efficacement la résistance et augmenter vos chances de succès dans vos efforts de persuasion.

Il est important de se rappeler que gérer la résistance ne consiste pas à maîtriser ou à réduire au silence le parti résistant, mais plutôt à comprendre son point de vue, à répondre à ses préoccupations et à trouver un terrain d'entente. Il faut de la patience, de l'empathie et un timing stratégique pour surmonter la résistance et établir des relations avec les autres.

De plus, gardez à l'esprit que la résistance n'est pas toujours négative. Cela peut aussi être une opportunité de croissance et d'amélioration. Il peut fournir des commentaires précieux, remettre en question vos hypothèses et vous aider à affiner votre message ou votre approche. Acceptez la résistance comme une chance d'apprendre, de vous adapter et d'améliorer vos compétences de persuasion.

Voici quelques stratégies pratiques pour gérer la résistance grâce au timing :

Pause et réflexion : Face à une résistance, prenez un moment pour faire une pause et réfléchir. Évitez de répondre de manière impulsive ou défensive. Au lieu de cela, respirez profondément, rassemblez vos pensées et réfléchissez à la meilleure approche pour faire face à la résistance.

Faites preuve d'empathie et validez : Faites preuve d'empathie envers les préoccupations ou les objections soulevées par la partie résistante. Validez leur point de vue et leurs émotions et reconnaissez leur droit d'avoir une opinion différente. Cela peut aider à renforcer la confiance et à créer un environnement plus réceptif à la persuasion.

Chronométrez votre réponse : Comme mentionné précédemment, le timing est crucial dans la gestion de la résistance. Évitez de vous précipiter pour répondre immédiatement, car cela pourrait paraître dédaigneux. Cependant, ne tardez pas trop, car cela pourrait signaler un manque d'inquiétude. Trouvez le bon équilibre et le bon timing pour votre réponse en fonction de la situation et des émotions impliquées.

Utilisez les preuves et la logique : Lorsque vous répondez à des préoccupations ou à des objections, utilisez des preuves, des faits et un raisonnement logique pour étayer votre position. Évitez les appels émotionnels ou les discours vides de sens. Fournir des preuves solides et des arguments logiques peut aider à contrer la résistance et à renforcer la crédibilité.

Soyez flexible et adaptatif : Soyez prêt à ajuster votre approche en fonction de la nature évolutive de la résistance. Si une stratégie ne fonctionne pas, essayez une approche différente. Soyez ouvert aux commentaires et prêt à adapter votre message ou vos tactiques pour gérer efficacement la résistance.

Gérer les émotions : Les émotions jouent un rôle important dans la résistance. Soyez conscient de vos propres émotions et réactions, ainsi que des émotions du parti résistant. Évitez d'être sur la défensive, en colère ou conflictuel. Au lieu de cela, restez calme, posé et empathique dans vos réponses.

Maintenir l'intégrité et l'éthique : Respectez toujours les normes éthiques dans vos efforts de persuasion. Évitez d'utiliser des tactiques manipulatrices ou trompeuses pour vaincre la résistance. Maintenez la transparence, l'honnêteté et le respect dans vos interactions avec les autres.

Un timing efficace pour gérer la résistance est une compétence essentielle dans l'art d'influencer sans autorité. En anticipant la résistance, en chronométrant vos réponses de manière appropriée, en écoutant activement et en faisant preuve d'empathie, en répondant directement aux préoccupations, en étant flexible et adaptable, en tirant parti de l'intelligence émotionnelle et en maintenant des considérations éthiques, vous pouvez gérer efficacement la résistance et augmenter vos chances de succès dans vos efforts de persuasion. N'oubliez pas que gérer la résistance ne consiste pas à dominer les autres, mais à comprendre leur point de vue, à répondre à leurs préoccupations et à trouver un terrain d'entente. Avec de la pratique et des compétences, vous pouvez devenir un maître influenceur, même sans autorité formelle.

Chapitre 8 : L'art de la persévérance

Faire de la persévérance un trait essentiel pour une influence discrète

Dans le monde de l'influence et de la persuasion, la persévérance est un trait essentiel qui peut avoir un impact considérable sur votre réussite. Que vous cherchiez à influencer sans autorité formelle, à gérer des situations difficiles ou à surmonter la résistance, la persévérance peut être la clé pour atteindre les résultats souhaités. Dans ce chapitre, nous approfondirons l'art de la persévérance et explorerons comment il peut être un outil puissant d'influence discrète. Nous discuterons de l'état d'esprit, des stratégies et des compétences associées à la persévérance, ainsi que de la manière dont cela peut vous aider à atteindre vos objectifs et à avoir un impact significatif dans vos interactions avec les autres.

Comprendre la persistance :

La persévérance est la qualité de continuer à poursuivre un but ou un objectif malgré les défis, les revers ou les obstacles. C'est la capacité de maintenir un effort concentré et déterminé sur une période prolongée, même face à des difficultés ou à une résistance. Dans le contexte de l'influence, la persévérance consiste à poursuivre avec cohérence et ténacité les résultats souhaités, tout en conservant une attitude positive et un comportement professionnel.

La persévérance ne consiste pas à être têtu ou énergique, mais plutôt à être résilient, adaptable et inébranlable dans la poursuite de vos objectifs. Cela nécessite une combinaison de force mentale, de persévérance et de réflexion stratégique. Cela implique de prendre des risques calculés, d'apprendre de ses échecs et d'affiner continuellement son approche.

Faire de la persévérance un trait essentiel pour une influence discrète peut avoir plusieurs avantages, notamment :

Surmonter les obstacles : Dans le processus d'influence des autres, vous rencontrerez probablement des obstacles ou des défis. La persévérance vous aide à rester concentré et engagé envers votre objectif, même face à des revers ou des difficultés. Cela vous permet de trouver des solutions créatives, d'adapter votre approche et de continuer à avancer, même face à l'adversité.

Bâtir la crédibilité et la confiance : La persévérance démontre votre engagement, votre détermination et votre professionnalisme. Cela montre que vous êtes sérieux au sujet de vos objectifs et que vous êtes prêt à déployer des efforts pour les atteindre. Cela peut renforcer la crédibilité et la confiance auprès des autres, car ils vous considèrent comme fiable, dévoué et digne de confiance.

Créer des opportunités : La persévérance peut créer des opportunités qui n'auraient peut-être pas été apparentes au départ. En poursuivant vos objectifs de manière cohérente et proactive, vous pouvez découvrir de nouvelles possibilités, forger de nouvelles connexions et ouvrir des portes qui peuvent conduire à une plus grande influence et un plus grand impact.

Gagner le respect : La persévérance peut vous gagner le respect des autres. Lorsqu'ils voient votre détermination inébranlable et votre dévouement à vos objectifs, ils sont plus susceptibles de vous considérer comme crédible et influent. Cela peut améliorer votre réputation et accroître votre influence au fil du temps.

Stratégies pour pratiquer la persévérance :

Pour adopter efficacement la persévérance comme trait essentiel d'une influence discrète, envisagez les stratégies suivantes :

Fixez-vous des objectifs clairs et significatifs : Commencez par définir des objectifs clairs, spécifiques et significatifs qui correspondent à vos valeurs et à votre objectif. Avoir une idée claire de l'orientation et du but peut vous fournir la motivation et la motivation nécessaires pour poursuivre vos objectifs avec persévérance, même face aux défis.

Développer un état d'esprit de croissance : Cultivez un état d'esprit de croissance, c'est-à-dire la conviction que vos capacités et votre intelligence peuvent être développées grâce à l'effort, à l'apprentissage et à l'expérience. Considérez les échecs comme des opportunités d'apprentissage et soyez prêt à améliorer et à adapter continuellement votre approche.

Restez concentré et engagé : Restez concentré et engagé envers vos objectifs, même lorsque vous faites face à des distractions ou à des revers. Évitez de vous décourager facilement ou d'abandonner prématurément. Rappelez-vous les raisons pour lesquelles vos objectifs sont importants et restez motivé pour les poursuivre.

Soyez adaptable et flexible : Soyez prêt à adapter et à ajuster votre approche si nécessaire. La persévérance ne signifie pas s'en tenir à un plan rigide quelles que soient les circonstances. Cela signifie être flexible, ouvert aux commentaires et prêt à pivoter ou à changer de stratégie si nécessaire.

Apprendre des échecs : L'échec fait naturellement partie de tout parcours, et la persévérance implique d'apprendre des échecs et de les utiliser comme opportunités de croissance.

Restez positif et optimiste : Maintenir une attitude positive et une vision optimiste peut avoir un impact considérable sur votre capacité à persister face aux défis. Cultivez un état d'esprit positif, concentrez-vous sur les solutions plutôt que sur les problèmes et croyez en votre capacité à surmonter les obstacles.

Construisez un réseau de soutien : Entourez-vous d'un réseau de soutien de personnes qui peuvent vous encourager et vous motiver dans les moments difficiles. Recherchez des conseils, des commentaires et des conseils auprès de mentors, de pairs ou d'alliés de confiance qui peuvent vous apporter perspective et soutien.

Soyez patient et résilient : La persévérance nécessite de la patience et de la résilience. Comprenez que la réalisation de vos objectifs peut prendre du temps, des efforts et plusieurs tentatives. Soyez prêt à faire face aux revers, aux déceptions ou aux retards et maintenez votre résilience face à l'adversité.

Maintenir le professionnalisme et l'intégrité : La persévérance doit toujours être accompagnée de professionnalisme et d'intégrité. Évitez d'être insistant, agressif ou contraire à l'éthique dans votre quête d'influence. Maintenez un haut niveau de professionnalisme, traitez les autres avec respect et faites preuve d'intégrité tout au long du processus.

Célébrez les progrès et les jalons : Reconnaissez et célébrez les progrès que vous faites vers vos objectifs, aussi petits soient-ils. Reconnaissez vos réalisations et utilisez-les comme motivation pour poursuivre vos efforts persistants.

Faire de la persévérance un trait essentiel pour une influence discrète peut grandement améliorer votre capacité à atteindre vos objectifs et à avoir un impact significatif. En fixant des objectifs clairs, en cultivant un état d'esprit de croissance, en restant concentré et engagé, en étant adaptable et résilient, et en maintenant professionnalisme et intégrité, vous pouvez efficacement pratiquer la persévérance dans votre quête d'influence sans autorité formelle. N'oubliez pas que la persévérance ne consiste pas à être têtu ou énergique, mais plutôt à être résilient, adaptable et inébranlable dans la poursuite de vos objectifs. Avec de la patience, de la résilience et un état d'esprit positif, la persévérance peut être un outil puissant dans votre arsenal pour réussir votre influence et votre persuasion.

Stratégies pour gérer les revers et les obstacles

Les revers et les obstacles sont inévitables dans tout voyage visant à influencer les résultats, même lorsque l'on pratique l'art de l'influence discrète sans autorité formelle. Cependant, la façon dont vous gérez ces revers et obstacles peut avoir un impact considérable sur votre capacité à persister et, en fin de compte, à atteindre vos objectifs. Dans ce chapitre, nous explorerons en profondeur et en détail des stratégies pour gérer efficacement les revers et les obstacles, vous permettant de maintenir votre résilience et votre persévérance face aux défis.

Recadrez les revers comme des opportunités d'apprentissage : Au lieu de considérer les revers comme des échecs ou des obstacles, recadrez-les comme de précieuses opportunités d'apprentissage. Changez votre état d'esprit d'un état d'esprit fixe qui considère les revers comme permanents, à un état d'esprit de croissance qui considère les revers comme des défis temporaires qui peuvent être surmontés. Réfléchissez à ce que vous pouvez apprendre de cet échec, à la manière dont vous pouvez vous améliorer et à la manière dont vous pouvez ajuster votre approche à l'avenir.

Restez concentré sur vos objectifs : Les revers et les obstacles peuvent parfois vous détourner de vos objectifs et miner votre motivation. Il est essentiel de rester concentré sur vos objectifs et de vous rappeler la situation dans son ensemble. Gardez votre vision et vos objectifs à l'esprit et utilisez-les comme boussole pour guider vos actions et vos décisions. Cela peut vous aider à rester motivé et persévérant, même face aux revers.

Développer des stratégies alternatives : Face à des obstacles ou des revers, il est essentiel de faire preuve d'adaptabilité et de flexibilité dans votre approche. Au lieu d'être rigide et figé dans vos méthodes, envisagez de développer des stratégies alternatives pour surmonter les défis. Pensez de manière créative et explorez différentes options pour trouver de nouvelles façons d'atteindre vos objectifs. Soyez prêt à changer votre approche et à essayer de nouvelles approches si nécessaire.

Sollicitez des commentaires et du soutien : N'ayez pas peur de demander l'avis des autres et de demander de l'aide lorsque vous faites face à des revers ou à des obstacles. D'autres peuvent fournir des informations, des perspectives ou des solutions précieuses que vous n'avez peut-être pas envisagées. Entourez-vous d'un réseau de soutien de personnes qui peuvent vous offrir encouragements, conseils et assistance. N'oubliez pas que vous n'êtes pas obligé de faire face aux défis seul et que demander de l'aide peut souvent vous fournir les ressources et la motivation nécessaires pour surmonter les obstacles.

Prenez soin de vous : Faire face aux revers et aux obstacles peut être un défi émotionnel et mental. Il est important de prendre soin de soi pendant ces périodes. Prenez soin de vous en participant à des activités qui vous aident à vous détendre, à vous ressourcer et à maintenir un état d'esprit sain. Cela peut inclure de l'exercice, de la méditation, du temps passé avec vos proches ou la pratique de passe-temps ou d'intérêts qui vous apportent de la joie. Prendre soin de votre bien-être physique et mental peut vous aider à maintenir la résilience et la force mentale nécessaires pour surmonter les difficultés.

Recadrez les défis en opportunités : Au lieu de considérer les revers ou les obstacles comme des obstacles insurmontables, recadrez-les comme des opportunités de croissance et de développement. Considérez les défis comme une opportunité de renforcer votre résilience, d'acquérir de nouvelles compétences et d'apprendre de précieuses leçons qui peuvent renforcer votre capacité à influencer les résultats à l'avenir. En recadrant les défis sous un jour positif, vous pouvez les transformer de pierres d'achoppement en tremplins vers vos objectifs.

Gardez une perspective à long terme : Les revers et les obstacles peuvent parfois sembler accablants et décourageants, mais il est important de garder une perspective à long terme. N'oubliez pas que les revers sont souvent temporaires et peuvent être surmontés avec persévérance et détermination. Restez concentré sur la situation dans son ensemble et sur la vision à long terme de vos objectifs. Visualisez le résultat final et rappelez-vous les raisons pour lesquelles vous poursuivez vos objectifs. Cela peut vous fournir la motivation et la résilience nécessaires pour persister face aux défis.

Apprendre de l'échec : L'échec fait naturellement partie de tout cheminement vers le succès. Face à des revers ou des obstacles, il est important de considérer l'échec comme une opportunité d'apprendre et de grandir. Réfléchissez à ce qui n'a pas fonctionné, à ce qui aurait pu être fait différemment et à ce que vous pouvez faire mieux à l'avenir. Utiliser l'échec comme un tremplin vers l'amélioration et la croissance, plutôt que lui permettant de vous décourager ou de vous démoraliser. Adoptez un état d'esprit de croissance qui considère l'échec comme un mécanisme de rétroaction précieux et un catalyseur d'amélioration.

Divisez les défis en étapes plus petites et gérables : Surmonter les revers ou les obstacles peut sembler intimidant vu dans son ensemble. Divisez les défis en étapes plus petites et plus faciles à gérer. Cette approche vous permet de progresser progressivement et de créer une dynamique pour surmonter le défi. Célébrez les petites victoires en cours de route et utilisez-les comme motivation pour continuer à avancer.

Restez positif et maintenez une attitude résiliente : Maintenir une attitude positive et résiliente est crucial face à des revers ou des obstacles. Restez optimiste et croyez en votre capacité à surmonter les défis. Évitez de vous attarder sur des émotions négatives ou de succomber au doute de vous-même. Concentrez-vous plutôt sur les solutions et les opportunités et maintenez une attitude positive. Entourez-vous de positivité et d'inspiration, que ce soit par le biais de relations de soutien, de ressources de motivation ou d'environnements édifiants.

Apprenez des autres qui ont surmonté des défis similaires : Cherchez l'inspiration auprès d'autres personnes qui ont été confrontées à des revers ou à des obstacles similaires et qui ont réussi à les surmonter. Apprenez de leurs expériences, stratégies et état d'esprit, et appliquez ces leçons à votre propre situation. Recherchez le mentorat ou les conseils de personnes possédant une expertise dans le domaine de votre défi et tirez parti de leurs idées et de leurs conseils pour vous aider à surmonter les obstacles.

Soyez persévérant et résilient : Surtout, soyez persévérant et résilient dans la poursuite de vos objectifs. Les revers et les obstacles sont inévitables, mais avec une détermination et une résilience sans faille, vous pouvez les surmonter. Adoptez un état d'esprit de persévérance et refusez d'abandonner, même face aux défis. Continuez à avancer, adaptez votre approche si nécessaire et restez engagé envers vos objectifs.

Mvieil homme surmonter les revers et les obstacles est une compétence essentielle dans l'art de la persévérance, essentielle pour exercer une influence discrète sans autorité formelle. En recadrant les échecs comme des opportunités d'apprentissage, en restant concentré sur vos objectifs, en développant des stratégies alternatives, en recherchant des commentaires et du soutien, en prenant soin de vous-même, en recadrant les défis comme des opportunités, en gardant une perspective à long terme, en apprenant de l'échec, en divisant les défis en étapes plus petites, en restant positif et en maintenant une attitude résiliente, en apprenant des autres et en étant persévérant et résilient, vous pouvez gérer efficacement les revers et les obstacles et continuer à avancer vers vos objectifs.

N'oubliez pas que les revers ne sont pas des obstacles permanents, mais plutôt des défis temporaires qui peuvent être surmontés avec un état d'esprit, des stratégies et une persévérance appropriée. En maîtrisant l'art de gérer les revers et les obstacles, vous pouvez renforcer votre résilience, renforcer votre influence et atteindre les résultats souhaités, même face à l'adversité.

Maintenir la cohérence et la résilience face aux défis

La persévérance est un trait clé dans l'art d'influencer sans autorité formelle. Cela implique de maintenir la cohérence et la résilience face aux défis, aux revers et aux obstacles. La capacité de persévérer malgré les difficultés est cruciale pour atteindre les objectifs à long terme, traverser les incertitudes et surmonter les obstacles. Dans ce chapitre, nous explorerons en profondeur les stratégies et l'état d'esprit nécessaires pour maintenir la cohérence et la résilience face aux défis, et comment cela contribue à l'art d'influencer sans autorité formelle.

Clarifiez vos objectifs et restez concentré : Pour maintenir cohérence et résilience, il est essentiel d'avoir une compréhension claire de vos objectifs et de rester concentré sur eux. Définissez clairement ce que vous souhaitez réaliser et pourquoi c'est important pour vous. Notez vos objectifs et revenez-les régulièrement pour vous rappeler la situation dans son ensemble. Face à des défis ou des revers, rappelez-vous vos objectifs et utilisez-les comme boussole pour guider vos actions. Évitez les distractions et restez concentré sur les tâches et les actions qui correspondent à vos objectifs, même face à la tentation de s'écarter de votre chemin.

Développer des stratégies alternatives : La persévérance nécessite adaptabilité et flexibilité. Face à des défis, soyez prêt à ajuster vos stratégies et vos approches. Si une approche ne fonctionne pas, soyez ouvert à essayer des voies alternatives. Soyez proactif dans la recherche de solutions et réfléchissez à des moyens créatifs pour surmonter les obstacles. Adoptez un état d'esprit de croissance qui considère les défis comme des opportunités d'innovation et d'amélioration. Élaborez des plans de sauvegarde et soyez prêt à pivoter si nécessaire tout en gardant les yeux sur l'objectif final.

Sollicitez des commentaires et du soutien : Les commentaires des autres peuvent fournir des informations et des perspectives précieuses qui peuvent vous aider à relever les défis. Recherchez les commentaires de mentors, de collègues ou de personnes de confiance qui peuvent fournir une contribution objective sur votre situation. Soyez ouvert aux critiques et aux commentaires constructifs et utilisez-les comme une opportunité d'apprentissage pour améliorer votre approche. Entourez-vous d'un réseau de soutien de personnes qui peuvent vous apporter encouragements, motivation et conseils dans les moments difficiles. Construire un système de soutien solide peut vous fournir la résilience et la motivation nécessaires pour persister face aux difficultés.

Prenez soin de vous : Maintenir la cohérence et la résilience nécessite de prendre soin de soi physiquement, mentalement et émotionnellement. Faites attention à votre bien-être et prenez soin de vous. Assurez-vous de vous reposer suffisamment, de manger des repas nutritifs et de faire de l'exercice régulièrement. Gérez le stress grâce à des techniques de relaxation, telles que la méditation ou la pleine conscience, et participez à des activités qui vous apportent joie et épanouissement. Prendre soin de vous vous permet d'avoir l'énergie, la clarté et la force émotionnelle nécessaires pour persévérer face aux défis.

Recadrez les défis en opportunités : Au lieu de considérer les défis comme des obstacles, recadrez-les comme des opportunités de croissance et d'apprentissage. Les défis offrent l'opportunité de développer de nouvelles compétences, de renforcer la résilience et d'acquérir une expérience précieuse. Adoptez un état d'esprit positif qui considère les défis comme des opportunités de développement personnel et professionnel. Changez votre perspective en vous concentrant non plus sur les difficultés, mais plutôt sur les avantages et les opportunités potentiels qui peuvent découler de la résolution des défis.

Gardez une perspective à long terme : La persévérance implique de garder une perspective à long terme et de comprendre que les revers ou les obstacles sont temporaires et ne définissent pas l'intégralité de votre parcours. Gardez une vision d'ensemble à l'esprit et rappelez-vous votre vision à long terme. N'oubliez pas que le succès n'est pas toujours linéaire et qu'il peut y avoir des hauts et des bas en cours de route. Soyez patient et maintenez une attitude résiliente, sachant que les défis font partie du processus et peuvent être surmontés avec de la persévérance.

Apprendre de l'échec : L'échec fait naturellement partie de tout parcours et il est important de le considérer comme une opportunité d'apprentissage. Face à des revers, réfléchissez à ce qui n'a pas fonctionné, à ce qui peut être amélioré et à ce qui peut être appris de cette expérience. L'échec peut fournir des leçons précieuses qui peuvent éclairer vos actions futures et vous aider à prendre de meilleures décisions. Utiliser l'échec comme tremplin vers la croissance et amélioration, plutôt qu'une raison d'abandonner ou de perdre la motivation.

Restez fidèle à vos valeurs : Vos valeurs servent de boussole qui guide vos actions et vos décisions. Face aux défis, il est important de rester fidèle à vos valeurs et à vos principes. Défendre vos valeurs peut vous donner un sentiment d'utilité, d'intégrité et de motivation pour persévérer, même face aux difficultés. Réfléchissez à vos valeurs fondamentales et à la manière dont elles s'alignent sur vos objectifs, et laissez-les guider vos actions et vos décisions tout au long de votre parcours.

Développer la résilience et la force mentale : La résilience est la capacité de rebondir après des revers et de maintenir un état d'esprit positif malgré les difficultés. Cultivez la résilience en développant la force mentale, ce qui implique de gérer le stress, de contrôler les émotions négatives et de maintenir une attitude positive. Développez votre résilience en pratiquant l'autoréflexion, l'autorégulation et l'auto-motivation. Développez des mécanismes d'adaptation, tels que des compétences en résolution de problèmes, un discours intérieur positif et de l'optimisme, pour vous aider à relever les défis avec résilience et persévérance.

Gardez une attitude positive : Une attitude positive est un outil puissant pour maintenir la cohérence et la résilience. Cultivez un état d'esprit positif en vous concentrant sur les possibilités, les solutions et les opportunités, plutôt que de vous attarder sur les limites, les obstacles ou les échecs. Entourez-vous d'influences positives, telles que des personnes qui vous soutiennent ou des histoires inspirantes, pour renforcer votre motivation et vos perspectives. Pratiquez la gratitude, célébrez les petites victoires et maintenez une attitude positive même face aux défis.

L'art de la persévérance est un trait essentiel pour exercer une influence réussie sans autorité formelle. Cela nécessite de maintenir cohérence et résilience face aux défis, aux revers et aux obstacles. En clarifiant vos objectifs, en développant des stratégies alternatives, en recherchant des commentaires et du soutien, en prenant soin de vous-même, en recadrant les défis comme des opportunités, en gardant une perspective à long terme, en apprenant de l'échec, en restant attaché à vos valeurs, en développant la résilience et la force mentale et en maintenant un attitude positive, vous pouvez améliorer votre capacité à persister et à atteindre les résultats souhaités dans votre quête d'influence efficace sur les autres. Adoptez l'art de la persévérance et cela vous permettra de surmonter les défis, d'atteindre vos objectifs et d'avoir un impact positif dans votre sphère d'influence.

Équilibrer l'affirmation de soi et la patience pour influencer les autres

L'influence est un processus subtil et complexe qui nécessite de trouver un équilibre délicat entre assurance et patience. Alors que l'affirmation de soi vous permet de communiquer vos idées, d'exprimer vos opinions et de défendre votre point de vue, la patience vous aide à naviguer entre différentes personnalités, perspectives et délais pour établir des relations, gagner la confiance et atteindre les résultats souhaités. Maîtriser l'art de la persévérance implique de trouver le bon équilibre entre assurance et patience pour influencer efficacement les autres. Dans ce chapitre, nous explorerons des stratégies pour atteindre cet équilibre et tirer parti de l'assurance et de la patience dans vos efforts d'influence.

Comprendre le contexte : La première étape pour équilibrer assurance et patience est de comprendre le contexte dans lequel vous essayez d'influencer les autres. Tenez compte des individus ou des groupes que vous essayez d'influencer, de leurs styles de communication, de leurs personnalités, de leurs motivations et de la situation ou de l'environnement spécifique dans lequel vous évoluez. Reconnaissez que différentes personnes peuvent avoir des besoins, des préférences et des styles de communication différents, et adaptez votre approche en conséquence. Tenez compte du moment, de l'urgence et de l'importance de la situation, ainsi que de la dynamique du pouvoir et des facteurs culturels qui peuvent avoir un impact sur vos efforts d'influence.

Soyez assertif, pas agressif : L'affirmation de soi est la capacité d'exprimer ses idées, ses opinions et ses besoins de manière directe et confiante, tout en respectant les droits et les perspectives des autres. Cela implique d'être clair, confiant et proactif dans votre communication, sans être énergique, impoli ou irrespectueux. Évitez de franchir la ligne de l'agressivité, ce qui peut être contre-productif et nuire aux relations. Utilisez des déclarations « je » pour exprimer votre point de vue et évitez de blâmer ou d'attaquer les autres. Faites attention à votre ton, à votre langage corporel et aux signaux non verbaux, car ils peuvent avoir un impact sur la façon dont votre message est reçu. Trouvez un équilibre entre l'affirmation de soi dans la défense de votre point de vue et la prise en compte des besoins et des points de vue des autres.

Pratiquez l'écoute active : L'écoute active est un élément clé d'une communication et d'une influence efficaces. Cela implique de se concentrer pleinement sur l'orateur, de maintenir un contact visuel et d'être attentif à ses paroles, à son ton et à ses émotions. Faites preuve d'empathie et de compréhension en paraphrasant, en résumant et en posant des questions de clarification. Démontrez que vous appréciez leur point de vue et que vous êtes prêt à comprendre leur point de vue. L'écoute active vous permet d'instaurer la confiance, d'établir des relations et de comprendre les motivations et les préoccupations sous-jacentes des autres. Il vous aide également à adapter vos messages et vos stratégies d'influence pour les aligner sur leurs besoins et préférences.

Soyez patient et établissez des relations : Construire des relations prend du temps et la patience est une vertu essentielle pour influencer les autres. Reconnaissez que les gens peuvent avoir des délais, des priorités et des perspectives différents, et qu'il peut falloir du temps pour gagner leur confiance, gagner leur respect et influencer leurs opinions ou leurs décisions. Évitez d'être insistant ou impatient, car cela peut créer de la résistance ou des conflits. Au lieu de cela, concentrez-vous sur l'établissement de relations, l'établissement de la confiance et l'entretien des relations. Investissez du temps dans la compréhension des intérêts, des besoins et des motivations des autres. Faites preuve d'une attention, d'un intérêt et d'un respect sincères envers leurs points de vue, et soyez patient pour construire une base de confiance et de crédibilité. Une relation solide basée sur le respect mutuel et la confiance peut être un puissant moteur d'influence à long terme.

Adaptez votre approche : Tout le monde ne réagit pas au même style de communication ou de persuasion. Il est essentiel d'adapter votre approche en fonction des individus ou des groupes que vous essayez d'influencer. Soyez flexible et disposé à ajuster votre style, votre ton et vos tactiques de communication pour les aligner sur les besoins et les préférences de votre public. Faites attention à leurs signaux verbaux et non verbaux et soyez prêt à modifier votre approche si vous ressentez une résistance ou un désintérêt. Reconnaissez que certaines personnes peuvent avoir besoin de plus de temps, d'informations ou de preuves pour prendre une décision, tandis que d'autres peuvent être plus réceptives à une communication directe et affirmée. En adaptant Grâce à votre approche, vous pouvez efficacement équilibrer l'affirmation de soi et la patience et augmenter vos chances d'influencer les autres.

Trouver un terrain d'entente : Construire un terrain d'entente est un moyen efficace de créer un alignement et des relations avec les autres. Recherchez des intérêts, des valeurs ou des objectifs communs sur lesquels vous pouvez mettre l'accent et utiliser comme base pour vos efforts d'influence. En trouvant un terrain d'entente, vous pouvez créer un sentiment de connexion et de compréhension mutuelle, ce qui peut aider à surmonter la résistance et faciliter un état d'esprit plus réceptif chez les autres. Soyez ouvert à la recherche de domaines d'accord et concentrez-vous sur les domaines dans lesquels vous pouvez travailler ensemble vers un objectif commun, plutôt que de vous concentrer uniquement sur les différences ou les désaccords.

Soyez résilient face aux revers : La persévérance requiert de la résilience, car les revers et les obstacles sont inévitables dans le processus d'influence. Face à une résistance, un rejet ou des obstacles, il est important de garder son sang-froid, de rester concentré sur son objectif et de rester positif. Ne vous laissez pas décourager par les revers ou les rejets initiaux. Considérez-les plutôt comme des opportunités d'apprendre, d'adapter et d'améliorer votre approche. Soyez résilient et persévérant dans vos efforts, et soyez prêt à essayer différentes stratégies ou approches si nécessaire. N'oubliez pas qu'influencer les autres est un processus et que les revers font partie de ce processus. Continuez à avancer avec un état d'esprit positif et déterminé.

Gérez vos émotions : Les émotions peuvent jouer un rôle important dans le processus d'influence. Il est important d'être conscient de vos propres émotions et de les gérer efficacement, car elles peuvent avoir un impact sur votre communication et vos interactions avec les autres. Évitez de réagir de manière impulsive ou émotionnelle à la résistance ou aux défis, car cela pourrait faire dérailler vos efforts d'influence. Au lieu de cela, restez calme, posé et concentré sur votre objectif. Pratiquez l'intelligence émotionnelle en reconnaissant et en gérant vos émotions, ainsi qu'en faisant preuve d'empathie envers les émotions des autres. En gérant vos émotions, vous pouvez maintenir une approche équilibrée et rationnelle pour influencer les autres.

Soyez persévérant, pas insistant : Il y a une frontière ténue entre la persévérance et l'insistance.

Même s'il est important d'être persistant dans vos efforts pour influencer les autres, il est tout aussi important d'éviter d'être trop agressif ou insistant, car cela peut créer de la résistance et des réactions négatives. Respectez les limites et les préférences des autres et évitez de leur imposer vos idées ou vos opinions. Soyez patient, compréhensif et respectueux de leur point de vue, même s'ils ne correspondent pas immédiatement à votre point de vue. Évitez de recourir à des tactiques de manipulation, de coercition ou de pression, car elles peuvent nuire aux relations et éroder la confiance. Au lieu de cela, concentrez-vous sur l'établissement de la confiance, des relations et de la crédibilité grâce à des efforts cohérents et respectueux au fil du temps.

Pratiquez l'autoréflexion et l'amélioration continue : L'art de la persévérance nécessite une réflexion personnelle et une amélioration continue. Réfléchissez à vos efforts d'influence, apprenez de vos expériences et sollicitez les commentaires des autres. Soyez ouvert aux critiques constructives et utilisez-les comme une opportunité de grandir et d'améliorer votre approche. Évaluez vos stratégies, tactiques et résultats, et apportez les ajustements nécessaires. Développez continuellement vos compétences d'influence, vos capacités de communication et votre intelligence émotionnelle. En apprenant et en vous améliorant constamment, vous pouvez devenir plus efficace pour équilibrer assurance et patience et atteindre vos objectifs d'influence.

L'art de persévérer pour influencer les autres nécessite de trouver un équilibre entre assurance et patience. Cela implique de comprendre le contexte, de s'affirmer sans être agressif, de pratiquer l'écoute active, d'établir des relations, d'adapter son approche, de trouver un terrain d'entente, d'être résilient face aux revers, de gérer ses émotions, d'éviter d'être insistant et de pratiquer l'autoréflexion et la continuité. Amélioration. En maîtrisant l'art de la persévérance, vous pouvez améliorer votre capacité à influencer efficacement les autres et à atteindre les résultats souhaités.

Chapitre 9 : L'art de l'influence éthique

Respecter les normes éthiques dans une influence discrète

L'éthique joue un rôle crucial dans la pratique de l'influence. Même si l'objectif final de l'influence peut être de persuader les autres d'adopter un certain point de vue, d'entreprendre une action particulière ou de modifier leur comportement, il est important de s'assurer que les moyens utilisés pour atteindre ces résultats sont éthiques et conformes à un ensemble de principes moraux. . Dans ce chapitre, nous explorerons l'art de l'influence éthique, qui implique le respect de normes éthiques dans le processus d'influence discrète.

Définissez votre cadre éthique : L'influence éthique commence par une compréhension claire de votre cadre éthique personnel. Quelles sont vos valeurs fondamentales? Quels principes éthiques vous tiennent à cœur ? Prenez le temps de réfléchir à vos propres croyances, valeurs et boussole morale. Réfléchissez à la manière dont ils s'alignent sur les principes d'intégrité, d'honnêteté, d'équité et de respect d'autrui. Établissez une base éthique solide qui guidera vos actions et vos décisions lorsque vous cherchez à influencer les autres.

Considérez les conséquences : L'influence éthique implique de considérer les conséquences potentielles de vos actions. Pensez aux impacts à court et à long terme de vos efforts d'influence sur toutes les parties prenantes impliquées, y compris les individus que vous essayez d'influencer, l'organisation ou la communauté et la société dans son ensemble. Tenez compte des avantages et des risques potentiels, ainsi que de toute conséquence imprévue. Efforcez-vous de faire des choix qui correspondent au bien commun et minimisent les dommages causés aux autres.

Pratiquez la transparence et l'authenticité : L'influence éthique nécessite de la transparence et de l'authenticité dans votre communication et vos interactions avec les autres. Soyez authentique, honnête et transparent dans vos intentions, vos motivations et vos actions. Évitez la tromperie, la manipulation ou les intentions cachées. Soyez sincère dans vos efforts pour établir la confiance, établir la crédibilité et favoriser une communication ouverte et honnête. L'authenticité et la transparence sont des éléments clés de l'influence éthique, car elles renforcent la confiance et les relations avec les autres et contribuent à établir une base solide pour influencer les relations.

Respecter l'autonomie et la diversité : L'influence éthique implique le respect de l'autonomie et de la diversité des autres. Reconnaissez que les individus ont leurs propres perspectives, croyances, valeurs et choix. Respectez leur droit de prendre leurs propres décisions, même si elles diffèrent des vôtres. Évitez d'imposer votre point de vue aux autres ou de tenter de les manipuler ou de les contraindre à s'y conformer. Adoptez la diversité et l'inclusivité et efforcez-vous de comprendre et d'apprécier les points de vue des autres, même s'ils sont différents des vôtres.

Maintenir la confidentialité et la vie privée : L'influence éthique nécessite le respect de la confidentialité et de la vie privée d'autrui. Évitez de divulguer ou d'utiliser des informations confidentielles de manière inappropriée pour vos efforts d'influence. Respecter la vie privée et la confidentialité des informations personnelles, des opinions et des choix des individus. Évitez de répandre des rumeurs, des commérages ou de vous livrer à des pratiques contraires à l'éthique telles que le chantage ou la coercition. Respectez les normes les plus élevées d'intégrité et de professionnalisme dans vos interactions avec les autres.

Soyez attentif à la dynamique du pouvoir : L'influence éthique implique d'être attentif à la dynamique du pouvoir dans les relations. Reconnaissez que des déséquilibres de pouvoir peuvent exister dans divers contextes, comme sur le lieu de travail, dans les contextes sociaux ou dans les relations personnelles. Soyez conscient de l'influence que vous exercez sur les autres et utilisez-la de manière responsable et éthique. Évitez d'abuser ou d'exploiter le pouvoir à des fins personnelles ou de manipuler les autres à votre avantage. Efforcez-vous de créer un environnement de respect mutuel, d'équité et d'égalité dans vos efforts d'influence.

Rechercher un consentement éclairé : L'influence éthique nécessite de rechercher le consentement éclairé des autres. Assurez-vous que les personnes que vous essayez d'influencer sont pleinement informées des implications, des risques et des avantages de la décision ou de l'action que vous préconisez. Fournissez-leur toutes les informations pertinentes dont ils ont besoin pour faire un choix éclairé. Évitez d'utiliser des tactiques trompeuses ou trompeuses pour obtenir le consentement ou manipuler les autres pour qu'ils se conforment. Recherchez un consentement volontaire et éclairé basé sur une compréhension précise de la situation.

Soyez conscient des conflits d'intérêts : L'influence éthique implique d'être attentif aux conflits d'intérêts. Reconnaissez tout conflit d'intérêts potentiel qui pourrait compromettre votre capacité à agir de manière impartiale et objective. Évitez les situations où vos intérêts personnels, vos gains financiers ou d'autres motivations peuvent influencer votre prise de décision ou influencer vos efforts. Divulguez tout conflit d'intérêts potentiel aux parties concernées et prenez des mesures pour les atténuer afin de garantir que votre influence soit guidée par des considérations éthiques plutôt que par un gain personnel.

Considérez l'impact à long terme : L'influence éthique prend en compte l'impact à long terme de vos actions. Considérez les conséquences potentielles de vos efforts d'influence au-delà des résultats immédiats. Efforcez-vous de créer un changement durable et positif qui profite non seulement aux résultats à court terme, mais également au bien-être à long terme de toutes les parties prenantes impliquées. Évitez les approches à courte vue ou égoïstes qui pourraient avoir des répercussions négatives à l'avenir. Pensez de manière globale et considérez les implications plus larges de vos efforts d'influence.

Réfléchir et apprendre : L'influence éthique nécessite une réflexion et un apprentissage continus. Réfléchissez à vos efforts d'influence, à vos résultats et à vos considérations éthiques. Apprenez de vos expériences, de vos réussites et de vos échecs, et améliorez continuellement votre approche pour vous assurer qu'elle est conforme à vos principes éthiques. Recherchez les commentaires de collègues ou de mentors de confiance pour mieux comprendre comment vous pouvez améliorer vos compétences en matière d'influence éthique. Restez ouvert aux commentaires, apprenez de vos erreurs et efforcez-vous continuellement d'être un meilleur influenceur éthique.

L'art de l'influence éthique nécessite un profond engagement à respecter les normes éthiques dans tous les aspects de vos efforts d'influence. Cela implique de définir votre cadre éthique, de considérer les conséquences, de pratiquer la transparence et l'authenticité, de respecter l'autonomie et la diversité, de maintenir la confidentialité et la vie privée, d'être attentif aux dynamiques de pouvoir, de rechercher un consentement éclairé, d'être attentif aux conflits d'intérêts, de considérer l'impact à long terme, et réfléchir et apprendre de vos expériences. En intégrant des considérations éthiques dans votre approche d'influence, vous pouvez cultiver un changement positif et durable tout en préservant votre intégrité et votre crédibilité en tant qu'influenceur éthique.

Reconnaître et résoudre les dilemmes éthiques

Des dilemmes éthiques peuvent surgir dans divers aspects de l'influence, où des intérêts, des valeurs ou des principes contradictoires peuvent remettre en question votre capacité à prendre des décisions éthiques. Il est essentiel de reconnaître et de résoudre ces dilemmes éthiques pour garantir que vos efforts d'influence s'alignent sur vos principes et valeurs éthiques. Dans ce chapitre, nous explorerons les stratégies clés pour reconnaître et résoudre les dilemmes éthiques dans le contexte de l'influence.

Définissez votre cadre éthique : Pour reconnaître et résoudre efficacement les dilemmes éthiques, il est essentiel d'avoir une compréhension claire de votre cadre éthique. Réfléchissez à vos valeurs personnelles, principes et croyances éthiques qui guident votre processus de prise de décision. Considérez les théories ou les cadres éthiques qui vous intéressent, tels que l'utilitarisme, la déontologie, l'éthique de la vertu ou autres. Clarifiez votre position éthique sur les principes éthiques clés, tels que l'honnêteté, l'intégrité, le respect, l'équité et la justice. Cette fondation vous servira de boussole pour naviguer dans les dilemmes éthiques.

Identifiez les dilemmes éthiques : Des dilemmes éthiques peuvent surgir dans diverses situations de contexte d'influence. Pour Par exemple, vous pourriez être confronté à une situation où vous devrez choisir entre honnêteté et loyauté, entre gains à court terme et durabilité à long terme, entre intérêts personnels et intérêt supérieur des autres, ou entre différentes valeurs ou principes qui vous sont chers. Il est crucial d'être vigilant et d'identifier les situations où des dilemmes éthiques peuvent surgir dans vos efforts d'influence.

Recherchez plusieurs perspectives : Face à des dilemmes éthiques, il est essentiel de rechercher plusieurs perspectives pour acquérir une compréhension globale de la situation. Tenez compte des points de vue de toutes les parties prenantes concernées, y compris celles qui pourraient être affectées par vos efforts d'influence. Engagez-vous dans des discussions ouvertes et honnêtes avec eux pour comprendre leurs préoccupations, leurs valeurs et leurs points de vue. Soyez prêt à écouter avec un esprit ouvert et évitez de prendre des jugements ou des décisions hâtives.

Pesez le pour et le contre : Une fois que vous avez identifié un dilemme éthique et rassemblé plusieurs points de vue, il est crucial de peser le pour et le contre des différents plans d'action. Considérez les avantages et les inconvénients potentiels de chaque option et évaluez-les par rapport à votre cadre éthique. Réfléchissez aux implications à court et à long terme de chaque choix et considérez les conséquences potentielles pour toutes les parties prenantes impliquées.

Considérez les conséquences : La prise de décision éthique nécessite de considérer les conséquences de vos actes. Réfléchissez à l'impact potentiel de chaque plan d'action sur toutes les parties concernées, y compris vous-même, les autres et la communauté ou la société au sens large. Tenez compte des conséquences immédiates et à long terme de vos décisions et efforcez-vous de faire des choix qui favorisent le bien-être et les meilleurs intérêts de toutes les parties prenantes concernées.

Consultez les lignes directrices et codes d'éthique : De nombreuses professions et organisations ont établi des lignes directrices éthiques ou des codes de conduite qui fournissent des conseils sur la manière de gérer les dilemmes éthiques dans des contextes spécifiques. Consultez ces lignes directrices ou codes et utilisez-les comme référence pour éclairer votre processus décisionnel. Réfléchissez à la manière dont vos actions s'alignent sur ces normes et principes éthiques établis.

Pratiquez la transparence et l'authenticité : La transparence et l'authenticité sont cruciales pour résoudre les dilemmes éthiques. Soyez transparent et honnête sur vos intentions, vos motivations et vos conflits d'intérêts potentiels. Évitez de dissimuler des informations pertinentes ou de manipuler les autres par des moyens trompeurs. Soyez authentique dans vos interactions et efforcez-vous d'établir la confiance et la crédibilité auprès des autres en faisant preuve d'intégrité et de sincérité dans vos efforts d'influence.

Solliciter l'avis des autres : Face à des dilemmes éthiques, il peut être utile de solliciter l'avis de collègues, de mentors ou de conseillers éthiques de confiance. Discutez de la situation avec eux et recherchez leurs conseils et leurs idées. Ils peuvent offrir des perspectives différentes ou soulever des considérations éthiques importantes que vous n'avez peut-être pas prises en compte. Soyez ouvert aux commentaires et prêt à réviser votre approche en fonction de conseils ou de recommandations éthiques.

Réfléchissez aux valeurs et aux principes : Les dilemmes éthiques nécessitent souvent une réflexion sur votre valeurs et principes. Prenez le temps de réfléchir à vos propres valeurs et principes, et à la manière dont ils s'alignent sur la situation actuelle. Réfléchissez à ce qui est vraiment important pour vous et aux principes éthiques que vous souhaitez respecter dans vos efforts d'influence. Réfléchissez à la façon dont vos décisions et vos actions s'alignent sur vos valeurs et principes personnels et faites des choix qui sont cohérents avec eux.

Considérez les conséquences à long terme : Lorsque vous abordez des dilemmes éthiques, il est important de considérer les conséquences à long terme de vos décisions et de vos actions. Évitez de vous concentrer uniquement sur les gains à court terme ou les résultats immédiats et réfléchissez à l'impact potentiel de vos efforts d'influence à long terme. Considérez les implications et les conséquences plus larges de vos choix sur les relations, la réputation et la confiance que vous établissez avec les autres, ainsi que l'impact sur le climat éthique global dans votre organisation ou votre communauté.

Adoptez la responsabilité : En matière d'influence éthique, il est crucial d'assumer la responsabilité de vos décisions et de vos actions. Assumez la responsabilité de vos choix et de leurs résultats, et soyez prêt à assumer la responsabilité de toute conséquence imprévue. Si vous faites une erreur ou réalisez que vous avez agi de manière contraire à l'éthique, reconnaissez-le et prenez des mesures pour rectifier la situation et faire amende honorable. Adopter la responsabilité démontre l'intégrité et montre que vous êtes déterminé à respecter les normes éthiques.

Éduquez-vous continuellement : La prise de décision éthique est un processus continu qui nécessite une formation continue et une conscience de soi. Restez informé des questions éthiques, des tendances et des débats actuels dans votre domaine ou industrie. Participez à une autoréflexion et à une auto-évaluation continues pour comprendre vos propres préjugés, croyances et angles morts éthiques. Renseignez-vous continuellement sur les différentes théories, principes et cadres éthiques pour améliorer vos capacités de raisonnement éthique.

Solliciter les commentaires des autres : Il peut être utile de demander l'avis des autres sur votre prise de décision éthique et vos efforts d'influence. Demandez des commentaires à des collègues, mentors ou conseillers en éthique de confiance et soyez ouvert à recevoir des critiques constructives. Les commentaires des autres peuvent fournir des informations et des perspectives qui peuvent vous aider à identifier d'éventuels dilemmes éthiques ou des domaines à améliorer dans vos efforts d'influence.

Prenez position pour un comportement éthique : En tant qu'influenceur discret, vous avez la possibilité de promouvoir un comportement éthique non seulement par vos propres actions, mais également en prenant position et en défendant les normes éthiques au sein de votre organisation ou communauté. Exprimez-vous lorsque vous observez un comportement contraire à l'éthique et plaidez en faveur de pratiques et de politiques éthiques. Soyez un modèle pour les autres en faisant constamment preuve d'intégrité, de transparence et d'authenticité dans vos efforts d'influence.

L'influence éthique est un aspect essentiel de l'influence discrète. Reconnaître et résoudre les dilemmes éthiques nécessite une conscience de soi, une réflexion et une prise de décision fondées sur des principes et des valeurs. En définissant votre cadre éthique, en identifiant les dilemmes éthiques, en recherchant des perspectives multiples, en pesant le pour et le contre, en considérant les conséquences, en consultant les lignes directrices éthiques, en pratiquant la transparence et l'authenticité, en sollicitant l'avis des autres, en réfléchissant sur les valeurs et les principes, en acceptant la responsabilité, en vous éduquant continuellement, en recherchant et en prenant position en faveur d'un comportement éthique, vous pouvez relever efficacement les défis éthiques et vous assurer que vos efforts d'influence sont alignés sur vos normes éthiques. N'oubliez pas que l'influence éthique ne consiste pas seulement à obtenir des résultats à court terme, mais également à instaurer la confiance, la crédibilité et l'intégrité à long terme, qui sont essentielles à une influence durable et percutante.

Aligner l'influence sur les valeurs et les principes

Dans le monde complexe et dynamique d'aujourd'hui, l'influence éthique est plus importante que jamais. En tant qu'influenceur discret, il est crucial d'aligner vos efforts d'influence sur vos valeurs et principes pour garantir que vos actions sont conformes à vos normes éthiques. L'influence éthique implique non seulement d'atteindre les résultats souhaités, mais également de le faire d'une manière fondée sur des principes, juste et respectueuse envers toutes les parties prenantes impliquées. Dans ce chapitre, nous explorerons en profondeur et détaillerons comment vous pouvez aligner votre influence sur vos valeurs et principes pour garantir une influence éthique et percutante.

Définissez votre cadre éthique : La première étape pour aligner l'influence sur les valeurs et les principes consiste à définir clairement votre propre cadre éthique. Réfléchissez à vos valeurs personnelles, vos croyances et vos principes qui guident votre processus décisionnel. Qu'est-ce qui compte le plus pour vous ? Quels principes éthiques accordez-vous la priorité, tels que l'intégrité, le respect, l'équité, l'honnêteté et la responsabilité ? Comprendre votre cadre éthique vous fournira une base solide pour aligner vos efforts d'influence sur vos valeurs et principes.

Identifiez les dilemmes éthiques : En essayant d'influencer les autres, vous pouvez rencontrer des situations où des dilemmes éthiques surgissent. Les dilemmes éthiques sont des situations dans lesquelles il existe des valeurs ou des principes moraux contradictoires et il peut être difficile de déterminer la bonne marche à suivre. Il est essentiel d'identifier de manière proactive les dilemmes éthiques potentiels qui peuvent survenir dans vos efforts d'influence. Cela peut inclure des situations dans lesquelles vous devez équilibrer des intérêts concurrents, faire des choix difficiles ou naviguer dans des zones grises éthiques.

Recherchez plusieurs perspectives : Face à des dilemmes éthiques, il est important de rechercher plusieurs perspectives pour mieux comprendre la situation. Tenez compte des différents points de vue, opinions et idées des diverses parties prenantes impliquées dans la situation. Cela peut inclure la recherche de l'avis de collègues, de mentors, de conseillers de confiance ou d'autres parties concernées. Obtenir des perspectives diverses peut vous aider à acquérir une compréhension plus complète des implications éthiques de vos efforts d'influence.

Pesez le pour et le contre : Évaluer les avantages et les inconvénients des différentes options est une étape cruciale pour aligner votre influence sur vos valeurs et principes. Considérez les avantages et les risques potentiels de chaque plan d'action et comparez-les à votre cadre éthique. Pensez aux conséquences à court et à long terme de vos décisions et actions, et considérez l'impact sur toutes les parties prenantes impliquées. Soyez conscient de toute conséquence imprévue potentielle et efforcez-vous de faire des choix éclairés et réfléchis.

Considérez les conséquences : La prise de décision éthique implique de considérer les conséquences potentielles de vos actes. Pensez à l'impact de vos efforts d'influence sur les autres, l'organisation ou la communauté dans son ensemble. Considérez les conséquences à court et à long terme de vos décisions et actions et évaluez si elles correspondent à vos valeurs et principes. Efforcez-vous de faire des choix qui favorisent des résultats positifs et minimisent les dommages causés aux autres.

Consultez les lignes directrices éthiques et les codes de conduite : De nombreuses organisations et professions ont établi des lignes directrices éthiques ou des codes de conduite qui fournissent des conseils sur la manière de se comporter de manière éthique. Familiarisez-vous avec les directives éthiques ou les codes de conduite pertinents pour votre domaine ou industrie et utilisez-les comme référence dans vos efforts d'influence. Ces lignes directrices peuvent constituer une ressource précieuse pour vous aider à aligner votre influence sur les normes éthiques.

Pratiquez la transparence et l'authenticité : La transparence et l'authenticité sont des principes clés de l'influence éthique. Soyez honnête, ouvert et transparent dans votre communication et vos actions. Évitez de dissimuler des informations importantes, de déformer les faits ou de vous livrer à des pratiques trompeuses. Soyez authentique, sincère et fidèle à vous-même dans vos efforts d'influence. L'authenticité renforce la confiance et la crédibilité, qui sont essentielles pour une influence éthique et percutante.

Solliciter l'avis des autres : Impliquez les autres dans votre processus décisionnel pour garantir que vos efforts d'influence sont conformes aux normes éthiques. Rechercher des commentaires et des commentaires auprès des parties prenantes concernées qui pourraient être affectées par vos efforts d'influence. Écoutez leurs préoccupations, leurs points de vue et leurs commentaires, et tenez-en compte lors de la prise de décisions. En impliquant d'autres personnes dans le processus, vous pouvez obtenir des informations diverses et vous assurer que vos efforts d'influence sont équitables et respectueux envers toutes les parties prenantes.

Soyez attentif à la dynamique du pouvoir : Comme En tant qu'influenceur discret, vous pouvez détenir un certain niveau de pouvoir ou d'autorité dans un contexte particulier. Il est essentiel d'être attentif aux dynamiques de pouvoir et d'utiliser votre influence de manière responsable et éthique. Évitez d'abuser de votre pouvoir ou de vous lancer dans des tactiques de manipulation pour atteindre vos objectifs. Utilisez plutôt votre influence pour responsabiliser les autres, promouvoir l'inclusivité et favoriser la collaboration.

Réfléchissez et apprenez : L'influence éthique est un processus continu qui nécessite une réflexion et un apprentissage continus. Réfléchissez à vos efforts d'influence passés et apprenez de vos succès et de vos échecs. Assumez la responsabilité de toute erreur ou faux pas et efforcez-vous d'améliorer votre prise de décision éthique et vos compétences d'influence. Recherchez les commentaires des autres, procédez à une auto-évaluation et informez-vous continuellement sur les principes et pratiques éthiques.

L'influence éthique est un aspect essentiel de l'influence discrète. Cela implique d'aligner vos efforts d'influence sur vos valeurs et principes, d'identifier et de résoudre de manière proactive les dilemmes éthiques, de rechercher des perspectives multiples, de peser le pour et le contre, de considérer les conséquences, de consulter les lignes directrices éthiques, de pratiquer la transparence et l'authenticité, de rechercher l'avis des autres, d'être attentif aux dynamiques de pouvoir. , et réfléchir et apprendre continuellement. En intégrant des normes éthiques dans vos efforts d'influence, vous pouvez renforcer la confiance, la crédibilité et un impact positif à long terme. N'oubliez pas que l'influence éthique ne concerne pas seulement l'obtention de résultats, mais également la manière dont vous les obtenez. Il s'agit de faire une différence positive dans la vie des autres touts en respectant vos principes et valeurs éthiques.

Entretenir des relations à long terme basées sur la confiance et l'intégrité

L'influence, en particulier dans le contexte d'une influence discrète, n'est pas seulement une question de gains à court terme ou de résultats immédiats. Il s'agit également de construire et d'entretenir des relations à long terme basées sur la confiance et l'intégrité. Entretenir de telles relations est essentiel pour un succès durable et un impact positif. Dans ce chapitre, nous explorerons des stratégies pour entretenir des relations à long terme basées sur la confiance et l'intégrité dans l'art de l'influence éthique.

Établissez la confiance : La confiance est le fondement de toute relation saine, y compris celles dans lesquelles vous cherchez à exercer une influence. Construire la confiance implique d'être fiable, cohérent et fiable. Tenez vos promesses et respectez vos engagements. Soyez transparent, honnête et authentique dans votre communication. Évitez les exagérations, les demi-vérités ou les informations trompeuses. Faites preuve d'intégrité et d'un comportement éthique dans toutes vos actions. En instaurant la confiance, vous créez une base solide sur laquelle vos efforts d'influence peuvent prospérer.

Pratiquez l'écoute active : Une communication efficace est un élément clé pour établir et entretenir des relations basées sur la confiance. L'écoute active est un aspect important d'une communication efficace. Pratiquez l'écoute active en accordant toute votre attention à la personne avec laquelle vous communiquez et en cherchant véritablement à comprendre ses points de vue, ses besoins et ses préoccupations. Évitez d'interrompre, de juger ou de rejeter leurs points de vue. Réfléchissez à ce qu'ils disent pour vous assurer que vous les comprenez correctement. En écoutant activement, vous faites preuve de respect envers les autres et favorisez une communication ouverte et honnête, qui renforce la confiance au fil du temps.

Faire preuve d'empathie : L'empathie est la capacité de comprendre et de partager les sentiments des autres. Il s'agit d'une compétence essentielle pour établir et entretenir des relations basées sur la confiance et l'intégrité. Faites preuve d'empathie en vous mettant à la place des autres et en cherchant à comprendre leurs émotions, leurs expériences et leurs points de vue. Faites preuve d'une véritable préoccupation et souci de leur bien-être. Évitez d'être dédaigneux ou indifférent à leurs sentiments ou à leurs préoccupations. En faisant preuve d'empathie, vous créez un environnement favorable et inclusif qui favorise la confiance et renforce les relations.

Soyez cohérent et fiable : La cohérence et la fiabilité sont des qualités importantes pour établir et entretenir des relations à long terme basées sur la confiance et l'intégrité. Soyez cohérent dans vos paroles et vos actions et évitez d'envoyer des messages contradictoires ou de vous contredire. Soyez fiable pour tenir vos engagements et tenir vos promesses. Lorsque les autres peuvent compter sur vous, cela renforce la confiance qu'ils ont en vous et améliore l'intégrité de vos efforts d'influence.

Soyez éthique et transparent : Le comportement éthique et la transparence sont des aspects fondamentaux pour entretenir des relations à long terme basées sur la confiance et l'intégrité. Respectez les normes éthiques dans toutes vos actions et soyez transparent sur vos intentions, vos motivations et vos actions. Évitez de vous livrer à un comportement contraire à l'éthique ou à des intentions cachées qui pourraient éroder la confiance ou nuire à votre crédibilité. Lorsque vous êtes éthique et transparent, les autres peuvent être assurés que vos efforts d'influence sont authentiques et conformes aux principes éthiques.

Soyez respectueux et inclusif : Le respect et l'inclusivité sont essentiels pour entretenir des relations à long terme basées sur la confiance et l'intégrité. Faites preuve de respect pour les opinions, les croyances et les perspectives des autres, même si elles diffèrent des vôtres. Adoptez la diversité et l'inclusivité en valorisant et en appréciant les différences de culture, d'origine et d'expériences. Évitez de vous livrer à un comportement irrespectueux ou discriminatoire qui pourrait nuire aux relations ou éroder la confiance.

En étant respectueux et inclusif, vous créez un environnement positif et inclusif qui favorise la confiance et renforce les relations.

Collaborez et recherchez des solutions gagnant-gagnant : La collaboration et la recherche de solutions gagnant-gagnant sont des stratégies efficaces pour entretenir des relations à long terme basées sur la confiance et l'intégrité. Collaborez avec les autres, sollicitez leurs commentaires et leurs opinions et impliquez-les dans les processus décisionnels. Recherchez des solutions gagnant-gagnant qui répondent aux intérêts et aux besoins de toutes les parties impliquées. Évitez de vous lancer dans des jeux gagnant-perdant ou à somme nulle qui pourraient nuire aux relations ou créer des conflits. En collaborant et en recherchant des solutions gagnant-gagnant, vous favorisez un sentiment de respect mutuel, de confiance et de coopération, qui sont essentiels pour entretenir des relations à long terme.

Montrez votre appréciation et votre gratitude : Exprimer son appréciation et sa gratitude envers les autres est un moyen puissant d'entretenir des relations à long terme basées sur la confiance et l'intégrité. Reconnaître et reconnaître les contributions, les efforts et les réalisations des autres. Montrez votre gratitude pour leur soutien, leur aide et leur collaboration. Évitez de prendre les autres pour acquis ou de négliger de reconnaître leurs efforts. En faisant preuve d'appréciation et de gratitude, vous renforcez les comportements positifs, créez une culture de reconnaissance et renforcez les relations.

Soyez réactif et fiable : Être réactif et fiable dans votre communication et vos actions est crucial pour entretenir des relations à long terme. Répondez rapidement aux messages, e-mails ou demandes des autres. Soyez fiable dans le respect de vos engagements et dans le respect des délais. Évitez de ne pas répondre, de ne pas être fiable ou de ne pas rendre de comptes, car cela pourrait éroder la confiance et nuire aux relations. Lorsque vous êtes réactif et fiable, les autres vous perçoivent comme digne de confiance et fiable, ce qui renforce les fondements de vos relations.

Gérer les conflits de manière constructive : Les conflits font naturellement partie de toute relation, mais la façon dont vous les gérez peut avoir un impact significatif sur la qualité et la longévité de vos relations. Lorsque des conflits surviennent, abordez-les avec un état d'esprit constructif. Concentrez-vous sur la recherche de solutions plutôt que de blâmer ou d'attaquer les autres. Écoutez tous les points de vue, recherchez un terrain d'entente et travaillez à résoudre les conflits de manière juste et respectueuse. Évitez de vous lancer dans des comportements destructeurs tels que des attaques personnelles, des manipulations ou des agressions. En gérant les conflits de manière constructive, vous faites preuve de maturité, de professionnalisme et d'intégrité, ce qui peut favoriser la confiance et renforcer les relations.

Soyez authentique et authentique : L'authenticité est un facteur puissant pour entretenir des relations à long terme basées sur la confiance et l'intégrité. Soyez sincère et authentique dans vos interactions avec les autres. Évitez de prétendre être quelqu'un que vous n'êtes pas ou de vous livrer à un comportement peu sincère. Soyez fidèle à vos valeurs, croyances et principes. Partagez vos pensées, opinions et points de vue ouvertement et honnêtement. En étant authentique et authentique, vous bâtissez une réputation de fiabilité et créez un lien d'authenticité fort avec les autres.

Soyez patient et compréhensif : Construire et entretenir des relations à long terme demande du temps, des efforts et de la patience. Soyez patient et compréhensif avec les autres, en reconnaissant que chacun a son propre rythme, ses préférences et ses défis. Évitez d'être insistant, exigeant ou impatient, car cela pourrait nuire aux relations et éroder la confiance. Faire preuve de compréhension et d'empathie envers les circonstances, les perspectives et les besoins des autres. En étant patient et compréhensif, vous créez un environnement favorable et inclusif qui favorise des relations à long terme fondées sur la confiance et l'intégrité.

Pas L'établissement de relations à long terme fondées sur la confiance et l'intégrité est un aspect essentiel de l'influence éthique. En instaurant la confiance, en pratiquant une écoute active, en faisant preuve d'empathie, en étant cohérent et fiable, en respectant les normes éthiques, en étant respectueux et inclusif, en collaborant, en faisant preuve d'appréciation et de gratitude, en étant réactif et fiable, en gérant les conflits de manière constructive, en étant authentique et authentique, et en étant patient et en comprenant, vous pouvez nouer des relations durables et significatives qui soutiennent vos efforts d'influence discrète et contribuent à des résultats positifs. N'oubliez pas que l'influence éthique n'est pas une question de gains à court terme, mais plutôt l'établissement de relations durables fondées sur la confiance, l'intégrité et le respect mutuel.

CONCLUSION

Dans ce livre, nous avons exploré l'art de l'influence discrète et comment cela peut constituer une approche puissante pour avoir un impact positif sur les autres sans recourir à des tactiques bruyantes ou énergiques. Nous avons approfondi les principes et stratégies clés qui peuvent vous aider à maîtriser l'art de l'influence discrète et à obtenir des résultats significatifs dans divers contextes. En conclusion, récapitulons les principes clés de l'art de l'influence discrète, partageons quelques réflexions finales et vous encourageons à appliquer ces principes dans votre vie quotidienne.

Récapitulatif des principes clés de l'art de l'influence discrète :

Conscience de soi : Comprendre vos propres forces, faiblesses, style de communication et impact sur les autres est fondamental pour exercer une influence discrète. Il vous permet d'adapter efficacement votre approche à différentes situations et individus.

Écoute active : écouter attentivement les autres, avec un esprit ouvert et sans jugement, est une compétence clé pour exercer une influence discrète.

Cela vous permet de vraiment comprendre les points de vue, les besoins et les préoccupations des autres, et d'établir des relations de confiance.

Empathie : faire preuve d'empathie en comprenant et en valorisant les émotions, les pensées et les expériences des autres crée un lien et favorise la confiance. Cela vous permet de construire des relations basées sur le respect et la compréhension mutuels.

Flexibilité : Être flexible et adaptable dans votre communication et votre approche vous permet de naviguer efficacement dans différentes situations et personnalités. Cela vous aide à trouver un terrain d'entente et à atteindre des résultats mutuellement bénéfiques.

Collaboration : collaborer avec d'autres, plutôt que d'utiliser une approche descendante, encourage la coopération, l'engagement et l'appropriation. Cela crée un sentiment d'objectif commun et favorise une culture collaborative.

Normes éthiques : Le respect des normes éthiques, l'honnêteté et l'intégrité sont essentiels pour exercer une influence discrète. Cela garantit que vos actions sont alignées sur vos valeurs et principes, et renforce la confiance et la crédibilité.

Patience et persévérance : Reconnaître que le changement demande du temps et des efforts, et être persévérant et patient dans votre approche est essentiel pour exercer une influence discrète. Cela vous permet de surmonter les obstacles et les revers et d'obtenir des résultats à long terme.

Établissement de relations : entretenir des relations à long terme basées sur la confiance, le respect et la compréhension mutuelle est fondamental pour une influence discrète. Cela crée une base pour une influence efficace et des résultats positifs.

Réflexions finales sur la maîtrise de l'art de l'influence discrète :

Maîtriser l'art de l'influence silencieuse est un processus continu qui nécessite une conscience de soi, de la pratique et de la réflexion. Il ne s'agit pas d'être coercitif ou manipulateur, mais plutôt d'établir de véritables relations, d'écouter activement et de faire preuve d'empathie envers les autres. Il s'agit d'être authentique, patient et persévérant, et de respecter les normes éthiques dans toutes vos interactions. Il s'agit de valoriser la collaboration et d'entretenir des relations à long terme basées sur la confiance et le respect mutuel. En maîtrisant l'art de l'influence discrète, vous pouvez créer un changement positif et avoir un impact significatif sur votre vie personnelle et professionnelle.

Les principes de l'influence discrète peuvent être appliqués dans divers contextes, comme sur le lieu de travail, dans les relations personnelles, dans un contexte communautaire et dans des rôles de leadership. Que vous soyez un manager cherchant à diriger votre équipe, un parent guidant vos enfants, un membre de la communauté militant en faveur du changement ou un individu s'efforçant de faire une différence positive, l'art de l'influence discrète peut être un outil précieux. Appliquez les principes dans votre vie quotidienne, expérimentez différentes stratégies et réfléchissez à vos progrès. Continuez à apprendre et à grandir en tant qu'influenceur discret.

Maintenant que vous avez acquis une meilleure compréhension de l'art de l'influence discrète et de ses principes clés, il est temps d'agir et de le mettre en pratique dans votre vie quotidienne. Commencez par être conscient de vous-même, pratiquer une écoute active, faire preuve d'empathie, être flexible et collaborer, respecter les normes éthiques, être patient et persévérant et entretenir des relations basées sur la confiance et le respect. Réfléchissez à votre.